BLUMEN & GARTEN

PFLANZENPORTRAIT

A. Kirsch (F. Hummel)

Verlags-Gesellschaft m.b.H.

1070 Wien, Kaiserstraße 10, Tel. 523 56 46

BLUMEN & GARTEN

PFLANZENPORTRAIT

Monika Becker

Alte Rosen

Mosaik Verlag

Zeichnungen: Monika Becker, Traute Winkler (Farbzeichnungen)
Fotos: S. Bildnachweis S. 80
Redaktion: Redaktionsbüro Dr. Zeltner, Niederndorf/Tirol
Umschlaggestaltung: Tatjana Neumann

Abb. S. 2/3: Die Damaszener-Rose 'La Ville de Bruxelles' aus dem Jahre 1849 bezaubert durch herrlichen Duft und erlesene Schönheit.

Der Mosaik Verlag ist ein Unternehmen
der Verlagsgruppe Bertelsmann

Satz: Filmsatz Schröter GmbH, München
Reproduktion: Arti Litho, Trento
Druck und Bindung: Alcione, Trento
Printed in Italy · ISBN 3-576-04843-X

Inhalt

VORWORT

Ganz im Trend der heutigen Rückbesinnung auf die »gute alte Zeit« liegt das neuerwachte Interesse an alten Rosen. Viele alte Rosensorten beziehen den für sie typischen Charme aus ihren ausdrucksvollen Blüten, die häufig dicht mit Blütenblättern gefüllt sind, in zarten Farben schimmern und intensiv duften. Obwohl die alten Rosen durch die Flut neuer Rosenzüchtungen zu Beginn dieses Jahrhunderts fast in Vergessenheit geraten waren, kann man auch heute noch viele von ihnen bewundern – dank des Engagements einiger Rosenliebhaber, die sich beharrlich der Pflege alter Rosen widmeten.
Das vorliegende Buch will Ihnen diese Rosen in ihrer Einzigartigkeit näherbringen. Neben Anleitungen zu Kauf, Pflanzung und Pflege enthält es viele Anregungen, wie alte Rosen in den Garten einbezogen werden können. Darüber hinaus stellt es anhand von Fotos und ausführlichen Beschreibungen fünfzig besonders schöne alte Rosensorten vor.
Vielleicht können Sie, verehrter Leser, durch Ihre Zuneigung zu alten Rosen dazu beitragen, diese kostbare Pflanzengruppe zu erhalten und sie wieder vermehrt in unsere Gärten einzubeziehen.

'Rose du Roi', eine Portlandrose, die mehrmals im Jahr von einem Meer gefüllter karmesinroter Blüten bedeckt ist (s. auch S. 73).

Alte Rosen im Überblick

Das erste Kapitel dieses Buches führt in die Welt der alten Rosen ein. Es erklärt, was man darunter versteht, welche Gruppen dazuzählen, wie sie entstanden und welche Eigenschaften für sie typisch sind. Darüber hinaus soll es einen Überblick über die Vielzahl der noch existierenden alten Rosensorten geben und einen ersten Eindruck von der Schönheit und dem Charme alter Rosen vermitteln.

'Persian Yellow', eine 1837 nach England eingeführte Türkische Rose mit wunderschönen, dicht gefüllten Blüten in goldgelbem Farbton.

DER BEGRIFF »ALTE ROSEN«

Zu den »alten Rosen« zählt man laut Definition der Amerikanischen Rosengesellschaft die einer Klasse angehörenden Rosensorten, die bereits 1867 als Rosenklasse anerkannt war. Auch Rosensorten, die erst nach 1867 entstanden, gelten als alte Rosen, sofern sie zu einer Rosenklasse gehören, die schon vor 1867 existiert hat und gleichzeitig über deren typische Merkmale verfügen. Als zeitliche Abgrenzung zwischen »alten« und »modernen« Rosen wird das Jahr 1867 gewählt, weil in jenem Jahr die erste Edelrose, 'La France', verbreitet und mit ihrer Entstehung ein neues Zeitalter der Rosengeschichte eingeleitet wurde.
Im folgenden werden die Hauptgruppen der alten Rosen kurz vorgestellt. Der Übersichtlichkeit halber erfolgt die Aufzählung in alphabetischer Reihenfolge.

'Félicité Parmentier' gehört zu den Albarosen – wie viele dieser Rosen ist sie eine wunderbar duftende und zudem frostharte Sorte.

ALBAROSEN *(Rosa* x *alba)*
Über Alter und Abstammung der *Rosa* x *alba*, auch Weiße Rose genannt, herrscht bis auf den heutigen Tag noch weitgehend Unklarheit. Die frühesten Vertreter dieser Rosengruppe sind aber sehr wahrscheinlich aus der Kreuzung einer sommerblühenden Damaszenerrose *(Rosa* x *damascena)* mit der Hundsrose *(Rosa canina)* hervorgegangen.
CHARAKTERISTIKA Albarosen bilden in der Regel vielstämmige, fast undurchdringliche Sträucher von allgemein kräftigem Wuchs, hoher Widerstandskraft gegen Krankheiten und hervorragender Frosthärte. Sie werden bis zu 2,5 m hoch, wobei ihre Äste leicht überhängen. Ein besonderes Kennzeichen dieser Rosen ist ihr gesundes, bläulichgraues Laub, das bis spät in den Herbst die Sträucher schmückt. Obwohl ihr Name dies erwarten ließe, tragen Weiße Rosen nicht nur weiße, sondern auch creme- bis fleischrosafarbene Blüten. Albarosen blühen nur einmal im Jahr und zwar Anfang Juni. Die sehr zahlreich erscheinenden, locker- bis starkgefüllten Blüten stehen meist zu mehreren vereint in Doldentrauben.

BOURBONROSEN *(Rosa* x *bourboniana)*
Bei den Bourbonrosen muß man sich ebenfalls mit Spekulationen über ihre Entstehung zufriedengeben: Die erste Bourbonrose ist ca. 1817 auf der 'Ile de Bourbon', der heutigen Insel Réunion, aus der zufälligen Kreuzung zwischen einer Chinarose und einer herbstblühenden Damaszenerrose hervorgegangen.
CHARAKTERISTIKA In der Gruppe der Bourbonrosen findet man recht unterschiedliche Wuchstypen: Busch-, Strauch- und Kletterrosen. Im allgemeinen weisen Bourbonrosen einen kräftigen, aufrechten bis leicht überhängenden Wuchs

'Zigeunerknabe', eine Bourbonrose, die durch ihren kräftigen Wuchs dichte Sträucher bildet. Mehr zu dieser Sorte auf S. 62.

auf und erreichen dabei Höhen zwischen 1 und 2,5 m. Im ausgewachsenen Zustand benötigen sie häufig eine Stütze. Ihr Holz ist weitgehend stachellos, das Laub recht groß und rötlich gefärbt. Die Blüten der Bourbonrosen sind rund geformt, in der Mitte geviertelt, dicht gefüllt und verbreiten einen angenehmen Duft. Die Farbpalette der Blüten reicht von Weiß, Rosa, Pink und Rot bis zu Purpur, daneben gibt es auch gestreifte Blüten. Bourbonrosen gehören zu den remontierenden Rosen, d. h. sie blühen mindestens zweimal im Jahr (Juni/Juli und September). Die Standorte für Bourbonrosen sollten stets so gewählt werden, daß sie nicht zu lange voller Sonneneinstrahlung ausgesetzt sind. Ein Platz im lichten Halbschatten ist der beste Standort für Bourbonrosen.

CENTIFOLIEN *(Rosa centifolia)*

Zu dieser Gruppe (auch Provencerosen, Hundertblättrige Rosen, Kohlrosen genannt) gehören Rosen, die in freier Natur aus vielfachen Kreuzungen zwischen *Rosa gallica, Rosa phoenicia, Rosa moschata* und *Rosa canina* entstanden sind. Besonders große Aufmerksamkeit schenkten die holländischen Züchter den Centifolien im 16.–18. Jahrhundert. Sie entwikkelten sie in dieser Zeit bis zur Vollkommenheit weiter.

Alte Rosen, wie die wundervoll duftende Bourbonrose 'Souvenir de la Malmaison' eignen sich gut für stimmungsvolle Arrangements.

Charakteristika Centifolien wachsen meist mittelkräftig und bilden lockere, ungezwungene Sträucher von bis zu 2 m Höhe, deren Triebe leicht bogig herabhängen. Aufgrund ihres eher »unordentlichen« Wuchses benötigen sie viel Platz und brauchen vor allem im ausgewachsenen Zustand eine Stütze. Die Laubblätter der Centifolien sind recht groß und beiderseits behaart, ihre zahlreich vorhandenen Stacheln klein und fast gerade. Die einzigartig dicht gefüllten Blüten der Centifolien haben eine fast kugelige Form und besitzen Blütenblätter, die sich wie Kohlblätter ineinanderfalten (Kohlrose). Charakteristisch ist ihr starker, angenehmer Duft, der sogenannte Centifolienduft. Das Farbspektrum der Centifolienblüten reicht von Weiß über Rosa bis Rot. Die Blütezeit der Centifolien liegt je nach Klima zwischen Juni und August.

CHINAROSEN *(Rosa chinensis)*

Rosa chinensis (auch Bengalrose), die Ausgangsform der heutigen Chinarosen, nimmt eine zentrale Stellung in der Geschichte der Rosenzüchtung ein. Ihre intensivrote Blütenfarbe und ihre Fähigkeit, wiederholt zu blühen, haben diese Rose zu einem beliebten Gegenstand züchterischen Tatendranges gemacht. Vorwiegend durch sie und andere Chinarosen war es möglich, daß mehrmalsblühende Rosengruppen, wie z. B. Bourbon-, Noisette-, Portland- und Remontantrosen, entstanden bzw. gezüchtet wurden.

Charakteristika Chinarosen sind häufig zartzweigig und klein (50–100 cm), es gibt unter ihnen aber auch Sorten, die 2–3 m hoch werden. Ihre dünnen, glatten, fast stachellosen Triebe bilden luftige, offene Sträucher, die durch ihre tiefreichenden Wurzeln auch auf relativ trockenen Böden gut gedeihen. Als sehr gesund gilt das Laub der Chinarosen, dessen Oberseite tiefgrün glänzt, während es auf der Unterseite heller ist. Die feingesägten, reizvollen Blätter zieren die Sträucher auch im Winter. Chinarosen blühen von Anfang Juni bis in den Herbst. Die Blüten verströmen einen angenehmen Duft und sitzen in der Regel an langen Stielen in Blütenbüscheln. Ihre Farben: weiß, rosa bis dunkelrot. Chinarosen benötigen zur vollen Entfaltung einen warmen, sonnigen Standort, durch strengen Frost werden sie allzu leicht geschädigt. Die schwachwüchsigen unter den Chinarosen sind aufgrund ihres Wuchses sehr gut in gemischten Stauden- und Blumenrabatten zu verwenden.

DAMASZENERROSEN
*(*Rosa* x *damascena* und ***Rosa damascena bifera)*
Innerhalb dieser Rosengruppe unterscheidet man zwei Untergruppen, die einmalblühenden (»sommerblühenden«*) und die zweimalblühenden (»herbstblühenden«**) Damaszenerrosen. Eine Sorte der ersten Gruppe, *Rosa damascena* 'Trigintipetala' ist seit alters her in Kleinasien, Rußland und auf dem Balkan als ergiebige Ölrose in Kultur. Noch heute wird sie z. B. in Bulgarien im »Rosental« zur Rosenölgewinnung angebaut.
CHARAKTERISTIKA Damaszenerrosen bilden offene, buschige, stark verästelte Sträucher von 1–2 m Höhe, deren Triebe sich leicht herabneigen. Ihre Laubblätter sind zart- bis graugrün, oberseitig kahl und auf der Unterseite flaumig behaart. An dem feinen Holz dieser Rosen befinden sich viele winzige, hakenförmig gebogene Stacheln. Die starkduftenden weißen bis rosafarbenen Blüten der Damaszenerrosen sind meist zu Blütenbüscheln vereinigt, an denen bis zu 20 Blüten sitzen können. Ihre Einzelblüten sind halb oder vollständig mit Blütenblättern gefüllt. Damaszenerrosen zeichnen sich durch Frosthärte aus und passen sehr gut zu anderen Rosen oder Ziersträuchern.

'Celsiana', eine starkwüchsige Damaszenerrose. Mehr zu dieser Sorte auf S. 66.

GALLICAROSEN *(Rosa gallica)*
Die Gallicarose (Synonyme: Provinsrose, Gallische Rose, Essigrose, Französische Rose) ist schon seit etwa 3000 Jahren bekannt. Besonders häufig wurde die *Rosa gallica* 'Officinalis' (Apothekerrose) im 17. Jahrhundert in Provins, einer kleinen Stadt im Süden von Paris, angebaut. Aus ihr gewann man Rosenöl und Duftstoffe.
CHARAKTERISTIKA Die kompakten, fast immer aufrechtwachsenden Sträucher der Gallicarosen erreichen Höhen von 1–2 m und neigen stark zur Bildung von Wildtrieben. Deshalb eignen sie sich sehr gut als Heckenpflanzen. Ihr Laub ist fein gezähnt und derb, auf der Oberseite dunkelgrün, auf der Unterseite hingegen heller und behaart. Stacheln findet man bei Gallicarosen in der Regel nicht, ihre Triebe sind vielmehr mit winzigen, harten, unregelmäßig geformten Borsten besetzt. Gallicarosen haben einfache, aber auch gefüllte Blüten, die meist einzeln an kräftigen Blütenstielen sitzen. Sie blühen zwar nur einmal im Sommer, verbreiten dafür aber einen besonders angenehmen Duft. Die Blüten haben in der Regel

dunklere Farbtöne, z. B. Purpur, Blaurot und Violett. Es gibt aber auch weiß- bis rosafarbene und einige gestreiftblühende Sorten. Charakteristisch für Gallicarosen sind ihre Genügsamkeit und Widerstandskraft. So gedeihen sie z. B. in nahezu jedem Boden. Man zählt sie wegen ihrer Unempfindlichkeit gegen Krankheiten und Frosthärte zu den robustesten Gartenrosen. Außer zur Verwendung als Heckenpflanzen eignen sich Gallicarosen besonders zur Pflanzung in Gruppen mit anderen Sträuchern.

Die Moosrose 'Oeillet Panaché' wurde hier als Pyramide gezogen – eine ungewöhliche, aber interessante Variante!

MOOSROSEN *(Rosa centifolia muscosa)*

Moosrosen stammen in direkter Linie von den Centifolien ab; sie sind durch Änderungen im Erbmaterial (= Mutation) der Centifolien entstanden. Aufgrund dieser Mutationen bildet sich bei den Moosrosen an Kelchblättern, Fruchtknoten, Blütenstiel und -knospen sowie am Holz der Triebe ein lockeres Gewebe aus verbreiterten Drüsenborsten. Dieses Gewebe überzieht die genannten Pflanzenteile »moosartig« und duftet eigentümlich. Moosrosen werden bereits seit Ende des 17. Jahrhunderts z. B. in Frankreich, Holland und England kultiviert.

CHARAKTERISTIKA Moosrosen werden 1–2 m hoch, sie wachsen meistens sehr kräftig und formen entweder runde, dichte oder aber hohe, offene Sträucher. Diese sind im allgemeinen aufrecht, mehr als z. B. Centifolienbüsche. Frischgrüne Laubblätter sowie dicht mit feinen Stacheln übersäte Triebe gelten als typische Merkmale der Moosrosen. Ihre Blüten sind schalenförmig, stark gefüllt und erinnern so, besonders kurz vor dem Aufblühen, an ihre »Vorfahren«, die Centifolien. Die fruchtigduftenden Blüten der Moosrosen in den Farben Weiß, Rosa, Rot, Purpur und Gelb entstehen bevorzugt an Neutrieben. Die Hauptblütezeit dieser Rosen liegt im Hochsommer, wobei ein Teil von ihnen im Herbst nochmals zur Blüte kommt. Moosrosen gelten allgemein als recht anspruchslos und eignen sich besonders für kleinere Gärten.

NOISETTEROSEN *(Rosa* x *noisettiana)*

Zu Beginn des 19. Jahrhunderts entstand aus einer Kreuzung zwischen der Chinarose 'Parson's Pink China' und einer Moschusrose *(Rosa moschata)* in Charleston (Süd-Carolina) die Sorte 'Champney's Pink Cluster'. Sie diente in den folgenden Jahrzehnten als Ausgangspunkt für intensive züchterische Arbeit und u. a. zur Schaffung der Klasse der Noisetterosen.

CHARAKTERISTIKA Noisetterosen sind entweder starkwüchsig und kletterrosenartig oder eher kleinwüchsig und buschig wie Teerosen. Als rankende Rosen können sie Höhen von bis zu 5 m erreichen. Ihre langen Triebe enden in Blütenrispen, an denen sich die mittelgroßen, gefüllten Blüten büschelartig vereinigen. Noisetterosen blühen in hellen Farben, vorwiegend in Weiß, Rosa, Gelb und Orange, mehrmals im Jahr bis spät in den Herbst hinein und verbreiten häufig einen teerosenartigen, süßlichen Duft. Noisetterosen lieben warme, windgeschützte Standorte und gelten in der Regel als empfindlich gegenüber Kälte und Frost.

PIMPINELLROSEN *(Rosa pimpinellifolia)*
Die *Rosa pimpinellifolia* (Synonym: *Rosa spinosissima*; auch Bibernellrose, Dünenrose, Schottische Rose, Bernet-Rose) wurde in Europa bereits vor 1600 in Gärten kultiviert. Die züchterische Arbeit mit dieser Rose, aus der zahlreiche einmalblühende Sorten hervorgingen, begann aber erst 1793 in Schottland. Durch die im 19. Jahrhundert neu gezüchteten mehrmalsblühenden Chinarosen wurden sie aber größtenteils verdrängt. Um 1930 befaßte sich W. Kordes wieder mit der Züchtung von Pimpinellrosen und schuf seine bekannten reichblühenden »Frühlingssorten« (zwei sind in der Übersichtstabelle S. 21 aufgeführt).
CHARAKTERISTIKA Pimpinellrosen bilden meistens recht kleine (1–1,5 m, selten 2 m hoch), gedrungene Sträucher mit dünnen, sparrigen Zweigen, die aufrecht oder bogig stehen. Die Ausläuferbildung ist bei diesen Rosen sehr stark, so daß sie sich vorzüglich als Hecken- oder Böschungspflanzen eignen. Ihr Laub ist oberseits dunkelgrün und auf der Unterseite etwas heller. Vor allem an der Triebbasis finden sich viele

Eine schon 1838 entstandene alte Rose: 'Stanwell Perpetual'. Sie gehört zu den Pimpinellrosen und ist eine öfter- und reichblühende Sorte (s. auch S. 72).

dünne, scharfe und ungleichgeformte Stacheln. Die ungefüllten Blüten der Pimpinellrosen sind weiß, rosa oder gelb und sitzen einzeln an kurzen Seitentrieben. Die Blütezeit liegt im Mai/Juni. Pimpinellrosen gelten als recht robust und widerstandsfähig.

PORTLANDROSEN

Diese Gruppe von Rosen wird auch »dauerblühende Damaszenerrosen« genannt. Sie sind eng mit den Damaszenerrosen verwandt, blühen aber häufig ein zweites Mal im Herbst. Die erste Portlandrose entstand um 1800 in Italien aus einer Kreuzung zwischen einer China- und einer Damaszenerrose. Die Herzogin von Portland entdeckte diese Rose auf einer Italienreise und war von ihr so begeistert, daß sie sie mit nach England nahm. Der Herzogin zu Ehren gab man dieser Rose den Namen 'Duchess of Portland' und der aus ihr entwickelten Rosengruppe die Bezeichnung Portlandrosen.

CHARAKTERISTIKA Ähnlich den Damaszenerrosen wachsen Portlandrosen recht kräftig, erreichen aber nur Höhen von ca. 1,5 m. Ihre duftenden Blüten sind zwar dichter gefüllt, aber auch kleiner als die der Damaszenerrosen und leuchten so kräftig wie die Blüten der Gallicarosen. Die Blüten sitzen in Büscheln auf sehr kurzen Blütenstielen und erwecken so den Eindruck, »im Laub zu sitzen«. Wie oben bereits gesagt, blühen Portlandrosen meist ein zweites Mal im Jahr, wobei die erste Blüte die üppigere ist. Portlandrosen eignen sich sehr gut als Gartenrosen und sollten viel mehr als bisher angepflanzt werden. Leider gibt es nur noch wenige Sorten von ihnen!

'Général Jacqueminot', eine reichblühende und stark duftende Remontantrose aus dem Jahre 1852.

REMONTANTROSEN

Remontantrosen gelten als Bindeglied zwischen »alten« und »modernen« Rosen. Ihre Entstehung verdanken sie vielen Rosengruppen, so z. B. den China-, Portland-, Noisette- und Bourbonrosen. Zwischen 1837 und dem Beginn des 20. Jahrhunderts entstanden etwa 4000 Remontantrosen, die zu jener Zeit weit verbreitet waren. Heute existieren jedoch nur noch ca. 100 Sorten.

CHARAKTERISTIKA Remontantrosen benötigen viel Platz, denn sie gehören zu den starkwüchsigen Strauchrosen und erreichen Höhen von 2 m und mehr. Ihre Triebe sind mit vielen Stacheln besetzt. Die schalenförmigen, großen Blüten der Remontantrosen sind meist dicht gefüllt und sitzen auf kräftigen Blütenstielen. Bis auf die weißblühende Sorte 'Frau Karl Druschki' verbreiten alle Remontantrosen einen angenehmen Duft. Die Farbpalette ihrer Blüten reicht von Weiß, Rosa und Rot bis zu Purpur und Rotbraun. Gelbe Farbtöne fehlen fast ganz. Wie der Name schon verrät, remontieren diese Rosen, d. h. sie blühen mehrmals im Jahr: meistens Ende Juni/Anfang Juli und bei nicht allzu großer Hitze oder Trockenheit ein zweites Mal im September/Oktober. Man sollte Remontantrosen nie an extrem sonnige Standorte pflanzen, da sie dort besonders anfällig für Mehltau und Rostpilze sind und ihre Blütenfarbe schnell verblaßt. Allgemein verfügen Remontantrosen über eine gute Frosthärte.

'Archiduc Joseph'. Mehr über diese bezaubernde Teerose lesen Sie auf S. 76 im Sortenteil dieses Buches.

TEEROSEN *(Rosa x odorata)*

Die Teerosen wurden bereits als Kulturform aus China nach Europa gebracht, wo man sie dann seit 1820 züchterisch »bearbeitete«. Für die Entstehung des Namens »Teerose« gibt es im wesentlichen drei verschiedene Erklärungsmöglichkeiten: 1. »Teerosen« wurden von chinesischen Teeanbauern angepflanzt, um mit ihren Blütenblättern den Tee zu verfeinern. 2. Der Name »Teerose« ist auf den teeartigen Duft dieser Rosen zurückzuführen. 3. »Teerosen« wurden zusammen mit Teeladungen aus China nach Europa eingeschifft und erhielten deshalb ihren jetzigen Namen.

CHARAKTERISTIKA Teerosen sind Rosen mit langen, schlanken, überhängenden oder sogar niederliegenden Trieben, die sehr gute Klettereigenschaften besitzen und unter günstigen Umständen bis zu 10 m hoch wachsen. Da sie, ähnlich wie Chinarosen, ihr Laub im Winter behalten, sind sie, wie diese, sehr frostempfindlich und sollten nur im Glashaus oder lediglich in Regionen mit milden Wintern (z. B. in Südeuropa) ins Freie gepflanzt werden. Ihr Laub ist glatt, auf der Oberseite glänzend, auf der Unterseite hingegen matt. An den zierlichen Trieben finden sich nur wenige, recht verstreut sitzende, hakige Stacheln. Teerosenblüten sind groß, einfach- oder gefülltblühend und stehen fast immer einzeln an biegsamen Zweigen. Die weißen, rosa, gelblichen oder aprikosenfarbenen Blütenblätter sind dick, aber zugleich auch durchscheinend. Auch Teerosen blühen mehrmals im Jahr, und zwar von Juni bis in den Spätherbst. Sie verströmen einen lieblichen Duft (Teeduft!). Aufgrund ihrer Empfindlichkeit gegenüber Kälte und Feuchtigkeit müssen Teerosen sonnige, vor Zugluft geschützte, trockene Standorte erhalten, die auch im Winter gut geschützt sind. Falls Sie Teerosen in kälteren Gebieten ins Freie pflanzen wollen, so ist ein besonders sorgsamer Winterschutz nötig! Teerosen sollten eher einzeln als in Gruppen gepflanzt werden, am besten eignen sie sich aber als Kletterpflanzen.

TÜRKISCHE ROSEN *(Rosa foetida)*

Die Heimat der *Rosa foetida* (Synonym: *Rosa lutea*; auch Fuchsrose) liegt in Kleinasien und im Mittleren Osten. Arabische Schriften erwähnen sie bereits seit dem 12. Jahrhundert. Eine dieser türkischen Rosen, die *Rosa foetida* 'Persiana', war beteiligt an der Züchtung kräftig klargelb blühender Edelrosen. Nicht zu Unrecht wird sie auch als »gelbe Rose von Asien« bezeichnet.

CHARAKTERISTIKA Türkische Rosen werden ca. 1,5–2 m hoch und besitzen in der Regel wenige aufrechtwachsende, sparrige Äste aus braunem Holz. Ihr intensivgrünes Laub ist auf der Unterseite drüsig behaart. An diesen Rosen findet man nur wenige gerade, ungleichgroße Stacheln. Ihre gelb-, orange- oder rotfarbenen Blüten sitzen einzeln oder zu zweit an der Spitze junger Triebe. Die Blütezeit Türkischer Rosen ist im Mai oder Juni – in Jahren mit schlechter Witterung kann es u. U. zu einem vollständigen Ausfall der Blüte kommen. Ganz im Gegensatz zu den übrigen alten Rosen wird der Duft ihrer Blüten häufig als unangenehm empfunden. Türkische Rosen lieben geschützte, trockene Standorte und lassen sich bevorzugt als Park- und Rankrosen verwenden.

'Soleil d'Or', die »Sonne aus Gold«, zählt man zu den Türkischen Rosen. Sie ist eine Ahnin vieler gelb- und orangeblühender moderner Rosen (s. auch S. 77).

Name	Blüten-farbe	Blüten-füllung	Blüh-häufigkeit	Duft	Größe m
ALBAROSEN					
'Félicité Parmentier'	fleischrosa-rahm-weiß	d	einm.	st	1,5–2
'Great Maiden's Blush'*	zartrosa bis weiß	d	einm.	l, s	2
'Königin v. Dänemark'*	silbrigrosa	d	einm.	s	1,5–2
'Pompon Blanc Parfait'	rosa-crèmefarben, dann weiß	d	einm.	s	1,5–2
*R. alba maxima**	reinweiß	l	einm.	l, h	2–2,5
BOURBONROSEN					
'Adam Messerich'	rosarot	h	öfter.	st	1,8
'Boule de Neige'*	rahmweiß	d	öfter.	m	1,5–2
'Commandant Beaurepaire'	rosa mit purpur u. weißen Streifen	d	g. öft.	st	1–1,8
'La Reine Victoria'*	intensives Rosa	d	öfter.	l	1–1,5
'Souvenir de la Malmaison'	blaßrosa bis crèmeweiß	d	öfter.	s	0,5–1
'Variegata di Bologna'*	weiß, purpurrot u. lila gestreift	d	g. öft.	s	1,5–2
'Zéphirine Drouhin'*	karminrosa	h	öfter.	m	3–4
'Zigeunerknabe'*	violettrot	d	g. öft.	m	1,5–2
CENTIFOLIEN					
'Fantin Latour'*	zartrosa bis crèmefarben	d	einm.	l, h	1,5–2
'Ombrée Parfaite'	purpurviolett	d	einm.	m	1
'Petite de Hollande'	rosa, dkl. Mitte	d	einm.	h	1
'Robert le Diable'*	matt violettrot	d	einm.	m	1
'Rose des Peintres'*	silberrosa	d	einm.	l	2
'Spong'*	rein rosarot	d	einm.	m	0,8–1
'Tour de Malakoff'*	dunklerosa bis violett	l	einm.	m	1–2
'Variegata'	rahmweiß mit rosa Streifen	d	einm.	m	1–1,5
CHINAROSEN					
'Arethusa'	hellgelb	d	öfter.		0,9
'Hermosa'	silber- bis lilarosa	h	öfter.	s	0,6–1
'Mutabilis'*	erst ledrig gelb, dann karminrot	e	öfter.	m	1–2
'Old Blush'*	zartrosa	h	g. öft.	l	0,6–2
'Perle d'Or'*	orangegelb, dann rahmgelb	d	öfter.	st	1
'Viridiflora'*	grün mit bronze	d	öfter.	w	0,6–1

Erläuterungen:
* Diese Rosen sind im Sortenteil näher beschrieben.
Blütenfüllung: e = einfach, l = locker, h = halb, d = dicht.
Blühhäufigkeit: einm. = einmalblühend, g. öft. = gelegentlich öfterblühend, öfter. = öfterblühend.
Duft: o = ohne, l = leicht, m = mittelstark, st = stark, s = süß, h = herb, w = würzig, u = unangenehm.

Name	Blüten-farbe	Blüten-füllung	Blüh-häufigkeit	Duft	Größe m
DAMASZENERROSEN					
'Blush Damask'	hell lilarosa	d	einm.	m	1–2
'Celsiana'*	rosa	l	einm.	l–m	1–2
'Duc de Cambridge'	karmesinrot	d	einm.	st	1,5–2
'Mme. Hardy'*	reinweiß	d	einm.	st, s	1,5
'Omar Khayyam'*	hellrosa	l	einm.	st	1–1,5
'Rose de Resht'*	purpurrot	d	öfter.	s–h	1
'York and Lancaster'	weiße u. rosa Blüten an einem Busch	h	einm.	st	1
GALLICAROSEN					
'Belle de Crécy'*	kirschrot-violett	d	einm.	s	1–1,5
'Belle Isis'*	hellrosa	d	einm.	h–w	1–1,5
'Charles de Mills'	dunkelrot-violett	d	einm.	l	1,5
'Complicata'*	rosarot, Mitte weiß	e	einm.	l	1,5–2
'Jenny Duval'*	purpurviolett	d	einm.	m	1–1,5
'Officinalis'	karminrot	h	einm.	m	1–1,5
'Sissinghurst Castle'	purpur-karmin mit weißen Flecken	h	einm.	m	1–1,5
'Tricolore de Flandre'*	weiß-rosa-lila gestreift	d	einm.	m	1–1,5
'Tuscany'*	karminrot-braun	h	einm.	l	1–1,5
'Versicolor'*	karminrosa-weiß gestreift	l	einm.	m	1–1,5
MOOSROSEN					
'Goethe'*	karmesinrot	e–l	einm.	o	1,5–2
'Golden Moss'	hellgelb	d	einm.	m	1,5
'Mme. Louis Lévèque'*	hellrosa	d	g. öft.	l	1–1,5
'Oeillet Panaché'	zartrosa	d		m	0,8–1
'Parkzauber'	feurigrot	d	einm.	m	1,5–2
'Salet'*	lebhaft rosa	d	g. öft.	st	1–1,5
'William Lobb'*	violett-violettrot	d	einm.	l, h	2–2,5
NOISETTEROSEN					
'Champney's Pink Cluster'	hellrosa	h	einm.	m	2,5–4
'Gloire de Dijon'*	rahmweiß bis aprikosenfarben	d	öfter.	st	3,5–4
'Mme. A. Carrière'*	rahm- bis reinweiß	d	öfter.	st	3–6
'William Allen Richardson'	pfirsich- bis orangefarben	d	öfter.	st	3,5–4

Erläuterungen:
* Diese Rosen sind im Sortenteil näher beschrieben.
Blütenfüllung: e = einfach, l = locker, h = halb, d = dicht.
Blühhäufigkeit: einm. = einmalblühend, g. öft. = gelegentlich öfterblühend, öfter. = öfterblühend.
Duft: o = ohne, l = leicht, m = mittelstark, st = stark, s = süß, h = herb, w = würzig, u = unangenehm.

Name	Blüten-farbe	Blüten-füllung	Blüh-häufigkeit	Duft	Größe m
PIMPINELLROSEN					
'Frühlingsgold'	goldgelb	e–h	einm.	o–l	2,5–3
'Frühlingszauber'	hellrot, Mitte zartgelb	e–l	einm.	st	2
*Rosa pimpinellifolia**	gelblich weiß	e	einm.	l	1–2
'Stanwell Perpetual'*	hellrosa bis weiß	d	öfter.	w	1,5
'William III.'	magentarot-lila	h		m	0,6
PORTLANDROSEN					
'Arthur de Sansal'*	purpurviolett	d	einm.	m	1
'Jacques Cartier'*	kräftig rosa	d	g. öft.	st	1–1,5
'Mme. Knorr'	leuchtend rosa	h	öfter.	st	1
'Rose du Roi'*	karmesinrot	d	öfter.	st	1–1,5
'Yolande d'Aragon'	purpur-scharlach	d	g. öft.	st	0,7–1
REMONTANTROSEN					
'Empereur du Maroc'*	karminrot	d	öfter.	m	1,2
'Ferdinand Pichard'*	weiß-rot-pink gestreift	d	öfter.	st	2
'Frau Karl Druschki'*	weiß	d	öfter.	o	1,5
'Général Jacqueminot'	lebhaft rot	h	öfter.	st	1,2
'Marchioness of Londonderry'	gelblichweiß mit rosa Hauch	d	öfter.	m	1,5–2
'Mrs John Laing'*	rosa	d	öfter.	st	1,5
'Prince Camille de Rohan'	bräunlich-karminrot	d	g. öft.	st	1,5–2
'Reine des Violettes'	violettrot	d	öfter.	m	2
'Roger Lambelin'*	braun-karminrot, Rand weiß	d	öfter.	m	1–1,5
'Vick's Caprice'*	rosa, weiß-lila-rot gestreift	d	öfter.	st	1–1,2
TEEROSEN					
'Archiduc Joseph'*	purpurrosa	d	öfter.	m	
'Général Schablikine'	kräftig kupferrot	d	öfter.	m	1
'Safrano'*	aprikosengelb	l	öfter.	m	1,5–2
'Sombreuil'	rahmweiß	d	öfter.	m	2
TÜRKISCHE ROSEN					
'Juliet'	dunkelrosa	d	öfter.	m	1,5
'Persian Yellow'*	leuchtend gelb	d	einm.	l, u	1–2
Rosa foetida 'Bicolor'*	Oberseite orange, Unterseite gelb	e	einm.	o	1–2
Rosa foetida 'Parkfeuer'*	scharlachrot	e	einm.		1,5–3
'Soleil d'Or'*	aprikosen-orange	d	g. öft.	m	

Erläuterungen:
* Diese Rosen sind im Sortenteil näher beschrieben.
Blütenfüllung: e = einfach, l = locker, h = halb, d = dicht.
Blühhäufigkeit: einm. = einmalblühend, g. öft. = gelegentlich öfterblühend, öfter. = öfterblühend.
Duft: o = ohne, l = leicht, m = mittelstark, st = stark, s = süß, h = herb, w = würzig, u = unangenehm.

KAUFEN – PFLANZEN – PFLEGEN

Nach diesem ersten Überblick über die Vielfalt alter Rosen und ihre Einteilung in Gruppen soll Ihnen der folgende Abschnitt beim praktischen Umgang mit alten Rosen behilflich sein: Dieses Kapitel gibt Ihnen Ratschläge für Auswahl und Kauf alter Rosen und enthält darüber hinaus praktische Anleitungen zur Pflanzung und Pflege. Die zahlreichen Zeichnungen sollen Ihnen die einzelnen Vorgange und Arbeitsschritte anschaulich machen.

Diese Rosensorte namens 'Spong' ist eine zierliche Vertreterin der Centifolien (s. auch S. 64).

AUSWAHL UND KAUF

Es empfiehlt sich, vor dem Kauf Ihrer Rosen einige grundsätzliche Überlegungen anzustellen und sich über Ihre eigenen Wünsche Klarheit zu verschaffen. *Zu welchem Zweck* möchten Sie alte Rosen einsetzen? ... als Kletterpflanzen, für eine gemischte Strächergruppe, als besonders schönes Einzelstück in einem Vorgartenbeet oder als Heckenpflanze zur Begrenzung Ihres Grundstückes? *Welchen Standort* haben Sie für Ihre Rosen vorgesehen? ... einen windgeschützten Platz in voller Sonne oder eine nach allen Seiten offene Stelle im Halbschatten größerer Bäume, oder wollen Sie Ihr eigenes kleines Gewächshaus im Garten mit Rosen schmücken? *Welche sonstigen Anforderungen* muß die Rose erfüllen? Muß sie absolut frosthart, starkwüchsig, duftend sein? Soll sie dichte Sträucher bilden und mehrmals im Jahr blühen?

Als Hilfe bei der Qual der Rosenwahl kann es ratsam sein, sich alte Rosen zuerst einmal anzuschauen – auf Ausstellungen, in Rosengärten, vielleicht im Garten eines anderen Rosenfreundes oder direkt in den Baumschulen, die alte Rosen zum Kauf anbieten. In Gartencentern und üblichen Baumschulen werden Sie wohl nur selten auf alte Rosen treffen. Vielleicht hilft Ihnen auch ein direktes Beratungsgespräch mit einem der Kultivateure alter Rosen. Der Rosenkultivateur Jensen (Flensburg) z. B. bietet in jedem Sommer Führungen durch seine Rosenfelder in der Nähe von Hamburg an. Bei einer solchen Gelegenheit können Sie besonders intensive Eindrücke von alten Rosen erhalten und auch sonst viel Interessantes über sie erfahren. Auf diese Weise werden die oftmals knapp gehaltenen Beschreibungen in den Katalogen durch eigenen Augenschein ergänzt, und die Wahl fällt Ihnen bestimmt viel leichter.

Wenn Sie sich zum Kauf alter Rosen entschlossen haben, müssen Sie entscheiden, wann und wo Sie diese beziehen. Zuerst zum »Wann«: Als Pflanzzeiten für Rosen kommen der Herbst (Mitte Oktober bis Dezember, solange der Boden frostfrei ist) und das Frühjahr (März/April) in Frage. *Die Herbstpflanzung ist in der Regel der Frühjahrspflanzung vorzuziehen*, da die Rosen in dem noch nicht gefrorenen Boden vor dem Winter neue Wurzeln bilden und somit im Frühjahr zeitiger und kräftiger zu wachsen beginnen. Ein weiterer Vorteil der Herbstpflanzung ist die wesentlich größere Auswahl an Rosensorten, die Sie im Herbst vorfinden. Im Frühjahr könnten schon einige Sorten – und womöglich gerade die von Ihnen gewünschten – vergriffen sein.

Nun zu der Frage »Wo kaufen Sie alte Rosen?«. Falls es für Sie unmöglich ist, direkt zu einem Kultivateur alter Rosen (Adressen s. S. 80) zu fahren, um sich Ihre Rosen persönlich auszu-

TIP Denken Sie daran: Rosen werden nur einmal im Jahr gerodet, und zwar im Herbst. Um sicherzugehen, daß Sie möglichst alle von Ihnen gewünschten Rosensorten auch bekommen, sollten Sie sehr rechtzeitig, d. h. ruhig schon im Sommer (ab Juni/Juli), Ihre Bestellung an Ihren Rosenlieferanten schicken. Denn im Frühjahr sind erfahrungsgemäß schon viele Sorten vergriffen!

'Charles de Mills' bildet bis 1,5 m hohe Stäucher, die üppig mit vielen kleinen Blüten bedeckt sind. Der Züchter der heute noch erhältlichen Gallica-Rose ist unbekannt.

suchen, dann haben Sie immer noch die Möglichkeit, sich Ihre Rosen schicken zu lassen. Da das Angebot an Rosen begrenzt ist (Rodezeit ist nur im Herbst), sollten Sie aber rechtzeitig bestellen (ruhig schon im Juli oder August) oder entsprechend früh zum Rosenkauf fahren. Geben Sie bei schriftlichen oder telefonischen Rosenbestellungen immer genau an: 1. wieviel Stück von welcher Sorte Sie haben möchten, 2. ob Sie mit Lieferung von Ersatz-Sorten einverstanden sind für den Fall, daß die eigentlich gewünschten Sorten nicht mehr verfügbar sind, 3. welcher Güteklasse die Rosen angehören sollen (A = mindestens drei Triebe, davon zwei aus der Veredlungsstelle, einer bis zu 5 cm darüber; B = zwei Triebe aus der Veredlungsstelle), 4. Ihre genaue Anschrift.

Falls Sie Ihre Rosen geschickt bekommen, sollten Sie die Sendung sofort nach Erhalt auf Vollständigkeit, Richtigkeit (Güteklassen, Sorten), Mängel oder Schäden an den Pflanzen überprüfen. Nach dieser ersten Kontrolle ihrer Rosensendung ist es ratsam, die Rosen für ein paar Stunden in Wasser zu stellen, damit sie sich erst einmal wieder richtig mit Wasser vollsaugen können. Die Gesundheit Ihrer Rosen können Sie dann leicht folgendermaßen prüfen: Kratzen Sie das Holz über der Veredlungsstelle mit dem Fingernagel vorsichtig an. Sofern darunter frisches grünes Pflanzengewebe zum Vorschein kommt, sind die Rosentriebe gesund, bei braun-

schwarzem Gewebe hingegen tot. Sollte die Rinde der Rosentriebe leicht runzelig aussehen, selbst nachdem die Rose für einige Stunden im Wasser gestanden hat, so müssen Sie davon ausgehen, daß die Rose von vorneherein nicht gesund war oder womöglich beim Transport Schaden genommen hat. Bei Bestellung im Herbst kann es schon mal vorkommen, daß der Wurzelballen Ihrer Rose während des Transportes durchfriert. In einem solchen Fall legen Sie die Rose mit ungeöffnetem Ballen in einen Raum, in dem die Temperatur *etwas* über 0 °C liegt (niemals in einen wohltemperierten Raum!). Auf diese Weise wird der Ballen in kurzer Zeit auftauen, so daß Sie ihn öffnen können. Dann holen Sie die Rosen heraus und überprüfen ihren Gesundheitszustand.
Sollten Sie tatsächlich Schäden an Ihren Rosen oder Unstimmigkeiten bezüglich Menge und Art der Rosen feststellen, nehmen Sie möglichst bald Kontakt mit Ihrem Rosenlieferanten auf. Keine Angst vor Reklamationen! Die Rosenkultivateure sind darauf bedacht, Sie als Kunden zufriedenzustellen.

In einer solchen oder ähnlichen Verpackung werden Rosen verschickt und auch von Gartencentern zum Kauf angeboten.

Ansprüche an Klima und Standort

Wie nahezu alle Rosen, so bevorzugen auch alte Rosen nicht zu windige, aber dennoch gut belüftete Standorte, an die zumindest einige Stunden am Tag Sonne gelangt. Die einzelnen Rosengruppen stellen dabei noch leicht unterschiedliche Anforderungen an ihren Standort: So gedeihen z. B. Alba-, Bourbon- und Pimpinellrosen auch an nicht ganz so sonnigen Plätzen gut. China-, Noisette-, Tee- und z. T. auch die Türkischen Rosen hingegen bevorzugen wirklich warme, sonnige und vor stärkerer Zugluft geschützte Standorte. Allerdings ist es nicht empfehlenswert, alte Rosen direkt an Südwände in die pralle Sonne zu pflanzen. Das Problem ist, daß sich die Wärme dort so stark staut, daß die Pflanzen leiden und für den Befall mit Pilzen oder tierischen Schädlingen anfällig werden. Zudem verblassen die Blütenfarben, die Rosen verblühen schneller und bei mehrmalsblühenden Rosen kann die Nachblüte deutlich beeinträchtigt sein. Als besonders empfindlich gegenüber derartigen Hitzestandorten gelten Bourbon- und Remontantrosen.

Neben geeigneten Lichtverhältnissen brauchen alte Rosen an ihrem Standort auch viel Luft! Es ist deshalb ganz wichtig, daß Sie ihnen genügend Platz für ein ungehindertes Wachstum geben. Die Größe des Standraumes Ihrer Rosen wird von zwei Faktoren bestimmt: zum einen von den Sorteneigenschaften wie Wuchskraft und Wuchscharakter, zum anderen aber natürlich vom Verwendungszweck. So werden z. B. die Einzelpflanzen in einer Rosenhecke sicherlich dichter gepflanzt als in einer Strächergruppe und dort wiederum enger als in einer großzügig angelegten Pflanzung besonders schöner Einzelexemplare.

Im folgenden möchte ich Ihnen einige grobe Richtwerte für die Pflanzabstände alter Rosen nennen. Es versteht sich, daß Sie die Abstände je nach den Sorteneigenschaften, den Standortverhältnissen und nach Ihren eigenen Vorstellungen auch anders wählen können:

Rosenhecke	0,5–0,6 m
schwachwachsende Strauchrosen in Gruppen	0,8–1 m
starkwachsende Strauchrosen in Gruppen	bis 2 m
einzelnstehende Strauchrosen	bis 3 m
Kletterrosen, als Rosenwand gepflanzt	bis 2 m
Kletterrosen als Mauer- oder Wandverkleidung	3–5 m
Stammrosen	0,7–1 m

ANSPRÜCHE AN DEN BODEN

Rosen stellen im allgemeinen nur geringe Ansprüche an den Boden ihres Standortes. Dennoch gibt es einige Bedingungen, die ein für Rosen geeigneter Boden erfüllen sollte.

Rosenwurzeln vertragen keine Staunässe, benötigen aber stets ausreichend Wasser und Luft. Aus diesem Grund sollte der Boden für sie stets bis in größere Tiefen hinein locker und wasserdurchlässig sein. Andererseits muß der Boden auch Wasser und Nährstoffe speichern können, um eine hinreichende Versorgung Ihrer Rose zu gewährleisten. Als ideale Böden für Rosen gelten daher *leicht lehmige, tiefgründige Böden mit einem pH-Wert zwischen 6 und 7, die besonders humus- und nährstoffreich sind.*

Wenn Sie in Ihrem Garten diesen Idealtyp von Boden nicht vorfinden, so können Sie Ihren Boden durch geeignete Maßnahmen verbessern (s. dazu »Vorbereitung des Bodens«).

Doch zuvor noch ein wichtiger Hinweis: Niemals sollten Sie Rosen in einen Boden pflanzen, in dem schon längere Zeit Rosen oder andere zur Familie der Rosengewächse *(Rosaceae)* gehörende Pflanzen gestanden haben, wie z. B. Äpfel, Aprikosen, Birnen, Feuerdorn, Pfirsiche, Zwetschgen usw. Wenn Sie aber nur einen derartigen Standort zur Verfügung haben, dann sollten Sie dort vor der Pflanzung der Rosen den Boden großzügig (!) austauschen und durch frische Gartenerde ersetzen. Für jede Rose muß der Boden auf einer Fläche von *mindestens* 70 cm × 70 cm und bis in eine Tiefe von ebenfalls 70 cm ausgetauscht werden.

Rosa gallica splendens, *eine der wenigen Gallicarosen mit schlichten, einfachen Blüten.*

VORBEREITUNG DES BODENS

Zuallererst sollten Sie genau planen, wohin Sie welche Rose pflanzen möchten. Berücksichtigen Sie dabei die im letzten Abschnitt erwähnten Richtwerte für die Pflanzabstände zwischen Rosen und ihren Nachbarpflanzen. Rechtzeitig vor dem Pflanztermin, d. h. mindestens 6–8 Wochen vorher, beginnen Sie dann mit der Bearbeitung des Bodens. Für den Fall, daß Sie eine größere Fläche mit Rosen bepflanzen möchten, sollten Sie die gesamte Fläche und nicht wie sonst üblich nur die Pflanzlöcher bearbeiten. Als Faustregel gilt außerdem: Je länger ein Boden brachgelegen hat, desto größer sollte die Fläche sein, die Sie für die Pflanzung vorbereiten.

Wie im Abschnitt über die Bodenansprüche bereits erwähnt wurde, soll der Rosenstandort locker, tiefgründig und humusreich sein. Je nach Art Ihres Gartenbodens können Sie vielfältige Maßnahmen ergreifen, um ihn den Anforderungen der Rosen anzupassen. So erfordert z. B. ein schwerer, toniger Boden eine andere Behandlung als ein leichter, sandiger Boden. Schwere Böden besitzen aufgrund ihres hohen Gehaltes an Tonbestandteilen zwar ein gutes Wasser- und Nährstoffspeichervermögen, in gleichem Maße neigen sie aber auch zu Verdichtungen und Staunässe. Ein toniger Boden muß deshalb nachhaltig gelockert werden, damit außer Wasser und Nährstoffen auch Luft an die Rosenwurzeln dringen kann. Schwere Böden müssen tief umgegraben werden. Gleichzeitig sollten sie dabei mit Humus und anderen Stoffen (grober Sand, Kies, Styromull) angereichert werden, um die Stabilität und Wasserdurchlässigkeit des Bodens zu verbessern. Achten Sie beim schrittweisen Umgraben darauf, daß die unteren Bodenschichten nicht oben zu liegen kommen, sondern daß der humusreiche, wertvolle Oberboden auch als oberste Schicht erhalten bleibt. In die unteren Bodenschichten bringen Sie beim Umgraben Humus in Form von sehr gut verrottetem Stallmist oder stark zersetztem, »reifem«, Gartenkompost ein. Zusätzlich können Sie den Boden pro Quadratmeter mit einer Handvoll Knochen- oder Blutmehl bzw. mit Hornspänen versehen.

Fällt Ihr Boden hingegen in die Kategorie sehr leichter, sandiger Böden, dann verzichten Sie sowohl auf tiefes Umgraben als auch auf die Beimischung von Sand etc., denn ein solcher Boden verfügt von Natur aus über eine ausreichende Wasserdurchlässigkeit. Leichte Böden sollten aber wie schwere Böden in ihrer obersten Schicht (20 cm) gut mit Humus (Stallmist, Kompost, Blut- und Knochenmehl, Hornspänen etc.) angereichert werden. Dadurch erhöhen Sie sowohl die Stabilität des Bodens als auch sein Vermögen, Wasser und Nährstoffe zu speichern.

TIP Hätten Sie's gedacht? Auch Rosen, die schon seit längerer Zeit an ihrem Platz stehen, lassen sich noch verpflanzen. Graben Sie die Rose dafür mit all ihren Wurzeln aus. Beschädigte Wurzeln sollten glattgeschnitten und die oberirdischen Rosentriebe stark eingekürzt werden. Das neue Pflanzloch wird wie zur Pflanzung einer jungen Rose vorbereitet (bedenken Sie die Größe der Rose!). Pflanzen Sie dann die Rose mit der gewohnten Sorgfalt ein, vergessen Sie auch das Anhäufeln und Wässern nicht! Wenn die Triebe einige cm lang sind, können Sie die angehäufelte Erde wieder entfernen.

'Pompon Blanc Parfait'. Diese Albarose mit fleischrosa bis weißen Blüten ist im Jahre 1876 herausgebracht worden.

Nun noch ein paar Worte zum pH-Wert des Bodens. Er gibt Auskunft darüber, ob ein Boden sauer (pH 1–7) oder alkalisch (pH 7–14) ist. Der optimale pH-Wert für Rosenpflanzungen liegt zwischen 6 und 7, also im leicht sauren bis neutralen Bereich. Mit pH-Teststreifen oder einem pH-Meßgerät (im Fachhandel erhältlich) können Sie den pH-Wert Ihres Bodens bestimmen. Liegt ein niedrigerer pH-Wert als 6 vor, so sollten Sie den Boden leicht kalken. Im anderen Fall hingegen – also bei pH-Werten über 7 – können Sie den Boden z. B. durch die Beimischung von Torf saurer machen.

Noch ein Tip: Aufgrund früher Herbstfröste kann es vorkommen, daß der Boden gefroren ist, wenn Sie Ihre Rosen kaufen oder geschickt bekommen. Vorbeugend für einen solchen Fall sollten Sie an einer geschützten Ecke im Garten ein Stück Boden durch Abdeckung z. B. mit Laub frostfrei halten. In diesen frostfreien Boden können Sie dann Ihre Rosen einschlagen (s. Abb. 1) und so lange aufbewahren, bis sie nach dem Frost an ihre eigentlichen Standorte gesetzt werden.

Wenn es nun ans Pflanzen Ihrer Rosen gehen soll (der Boden muß frostfrei sein!), heben Sie als erstes das Pflanzloch aus. Achten Sie darauf, daß es groß genug ist, um darin die Rosenwurzeln ungehindert ausbreiten zu können – in der Regel ca. 40 cm im Durchmesser und 40 cm tief.

DER PFLANZVORGANG

Falls die Rosen nicht sofort nach Erhalt gepflanzt werden können, müssen sie eingeschlagen werden, um ihre Wurzeln und Triebe vor Austrocknung und Frost zu schützen (s. Abb. 1).
Bevor Sie dann Ihre Rosen an den endgültigen Standort pflanzen, werden diese 8–24 Stunden lang vollständig (!) in Wasser gelegt. Kurz vor der Pflanzung – nachdem Sie bereits das für die Rose vorgesehene Pflanzloch ausgehoben haben – sollten Sie die Wurzeln der Rose schneiden (s. Abb. 2).
Von den oberirdischen Pflanzenteilen werden im Herbst nur die angebrochenen, verletzten Triebe entfernt. Der eigentliche Rückschnitt der Krone erfolgt sowohl bei Herbst- wie auch bei der Frühjahrspflanzung nur im Frühjahr (s. Kapitel »Pflanzschnitt«).

STRAUCHROSENPFLANZUNG
Beim Einpflanzen Ihrer Strauchrosen müssen Sie den Rosenwurzeln und der Veredlungsstelle am Wurzelhals besondere Aufmerksamkeit schenken (s. Abb. 3). Die Wurzeln dürfen auf keinen Fall verbogen oder verdreht werden, und die Veredlungsstelle Ihrer Rose sollte unbedingt 3 bis max. 5 cm (ca. drei Finger breit) *unter* der Erdoberfläche liegen. So schützen Sie diese empfindliche Zone vor Austrocknung und Frost. Sollten z. B. in einem strengen Winter die oberirdischen Triebe Ihrer Rose vollständig zurückfrieren, so können aus dieser unter der Erde gelegenen Zone wieder neue Triebe wachsen.
Halten Sie nun die Rose deutlich zu tief in das Pflanzloch, also so tief, daß sich der Veredlungsknoten 10–15 cm unter der Erdoberfläche befindet. Achten Sie darauf, daß die Wurzeln gerade liegen! Beginnen Sie dann, die zuvor ausgehobene Erde gleichmäßig über den Wurzeln zu verteilen. Während Sie das Pflanzloch auf diese Weise allmählich mit Erde füllen, ziehen Sie die Rose dabei langsam hoch. Dadurch rutscht die Erde auch zwischen die Wurzeln, so daß diese überall Kontakt

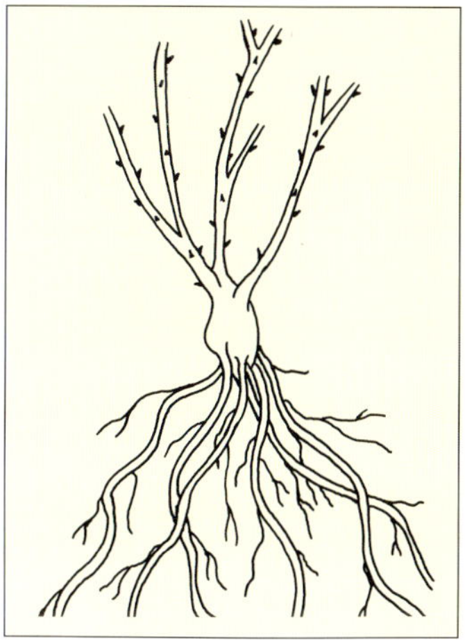

Abb. 2 a und b: Die Wurzeln werden kurz vor dem Einpflanzen der Rose einheitlich so weit eingekürzt, daß sie, von der Veredlungsstelle aus gemessen, noch ca. 20 cm lang sind. Außerdem entfernt man tote Wurzeln. Zeichnung a (oben) zeigt die Rose vor dem Schnitt der Wurzeln, Zeichnung b (unten) nach dem Schnitt.

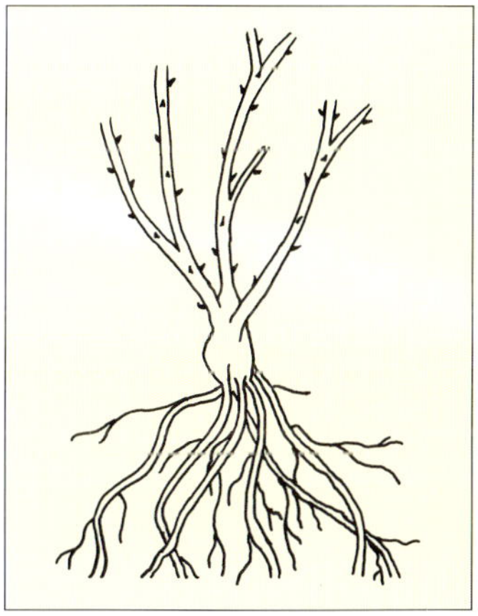

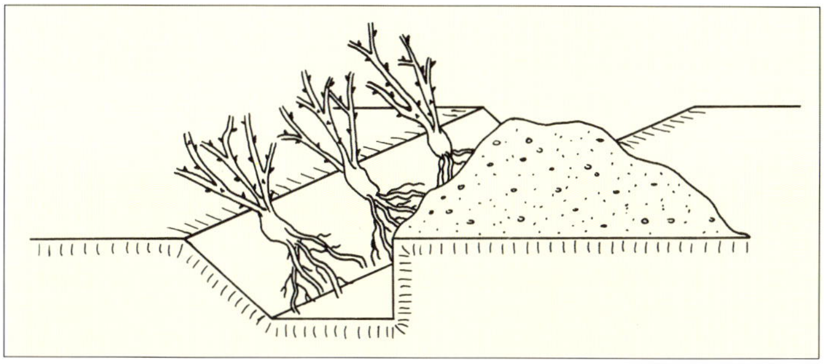

Abb. 1 (links): Roseneinschlag: Dafür heben Sie in Ihrem frostfreien Boden einen Graben aus, in den Sie die Rosen so hineinlegen, daß der Wurzelhals unter die Erde kommt. Anschließend schütten Sie den Graben wieder mit Erde zu. Es macht dabei gar nichts, wenn die Rosentriebe dabei ruhig auch etwas mit Erde bedeckt werden – das schützt sie vor Austrocknung.

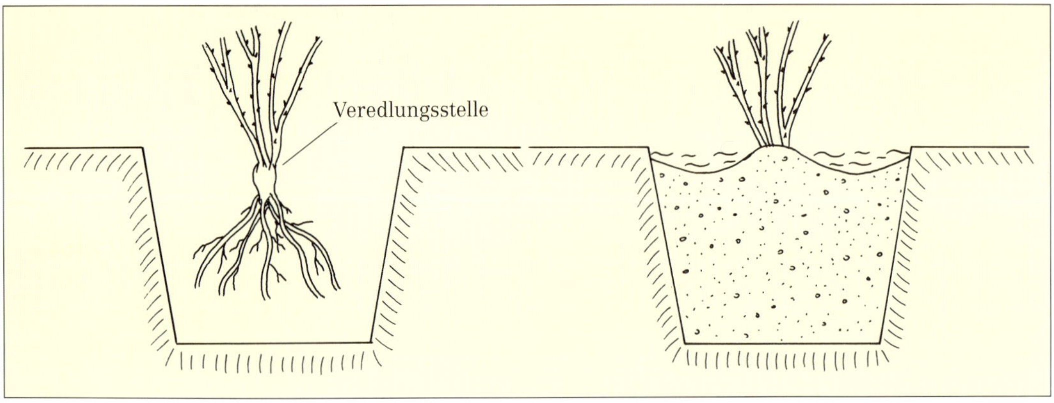

Abb. 3 (oben links): Hier erkennen Sie, wie groß das Pflanzloch sein sollte, wie Sie die Rosenwurzeln richtig im Pflanzloch ausbreiten und wie tief Sie Ihre Rose pflanzen sollten. Rosenwurzeln brauchen Platz – seien Sie deshalb nicht zu sparsam beim Ausheben des Pflanzloches!

Abb. 4 (oben rechts): Die Gießmulde füllen Sie langsam und vorsichtig mit Wasser auf und lassen das Wasser versickern. Diesen Vorgang wiederholen Sie so oft, bis die Rose gut angeschlämmt, d. h. bis der Boden um die Rose herum mit Wasser durchtränkt ist. Auch durch dieses sorgfältige Wässern der Rosen gewährleisten Sie eine enge Verbindung zwischen Wurzeln und Boden.

zum Boden erhalten. Denken Sie aber beim Hochziehen der Rose daran, daß Sie die Veredlungsstelle weit genug im Boden lassen (s. Abb. 3).

Haben Sie auf diese Weise Ihre Rose entsprechend ausgerichtet und das Pflanzloch locker mit Erde gefüllt, drücken Sie die Erde fest an, um die Rosenwurzeln in engeren Kontakt mit dem Boden zu bringen. Dadurch fördern Sie eine schnelle Wurzelbildung und somit das erfolgreiche Anwachsen. Zusätzlich gewinnt die Rose an Standfestigkeit. Beim Andrücken der Erde ist allerdings Vorsicht geboten: die Veredlungsstelle und der Wurzelhals der Rose dürfen nicht verletzt werden! Es empfiehlt sich, die Erde um die Rose herum so festzudrücken, daß eine flache Gießmulde entsteht, die Sie, wie in Abb. 4 beschrieben, mit Wasser füllen. Nachdem das Wasser vollständig (!) versickert und der Boden gut durchfeuchtet ist, können Sie das Pflanzloch ganz mit Erde füllen.

Anschließend werden die Triebe der Rose mit Erde oder gut verrottetem Kompost »angehäufelt« (s. Abb. 5). Dieses Anhäufeln dient gleichzeitig als Verdunstungs- und als Frostschutz für Ihre Rose. Zum Abschluß des Pflanzvorgangs sollten Sie noch die Triebe der Rose wie in Abb. 6 schattieren.

Nach dem Pflanzen kann der Boden in der Umgebung der Rose zur Vermeidung von Verkrustung und Austrocknung mit strohigem Mist, Komposterde, kurzem Stroh o. ä. abgedeckt werden.

KLETTERROSENPFLANZUNG

Beim Pflanzen einer Kletterrose müssen Sie beachten, daß diese leicht schräg und in ausreichendem Abstand von der Wand in das Pflanzloch gelegt wird. Genau wie beim Pflanzen von Strauchrosen achten Sie darauf, daß die Wurzeln nicht verbogen oder verdreht werden und daß der Veredlungsknoten tief genug im Boden liegt (3 bis max. 5 cm) (s. dazu Abb. 7). Sowohl das Einpflanzen (Erde auffüllen, andrücken, wässern etc.) als auch das Schattieren geschehen bei Kletterrosen genauso wie bei Strauchrosen.

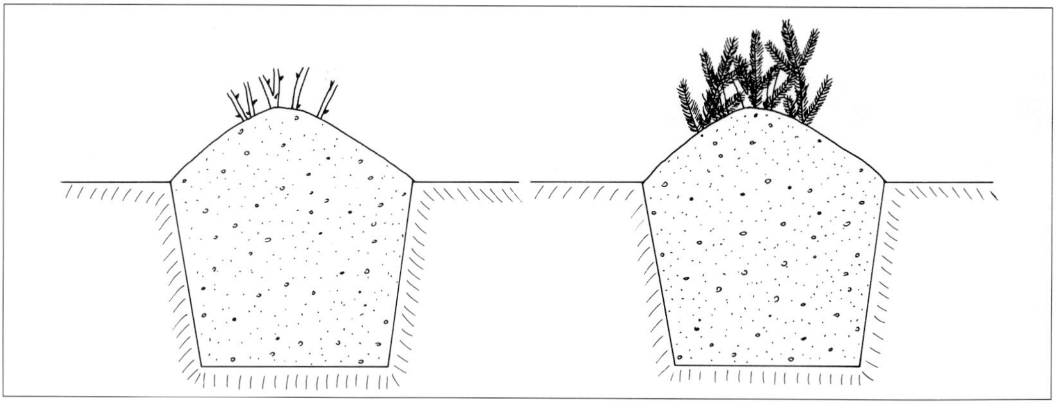

Abb. 5 (oben links): Anhäufeln der frischgepflanzten Rose: Die Triebe werden so weit mit Erde oder Kompost bedeckt, daß nur noch die Triebspitzen hervorgucken.

Abb. 6 (oben rechts): Mit Hilfe von Reisigzweigen, die Sie um die Rose herum in den Erdhügel stecken, geben Sie Ihrer Rose Schatten und schützen sie in ihrer Gewöhnungsphase an den neuen Standort vor Austrocknung durch Sonne und Wind.

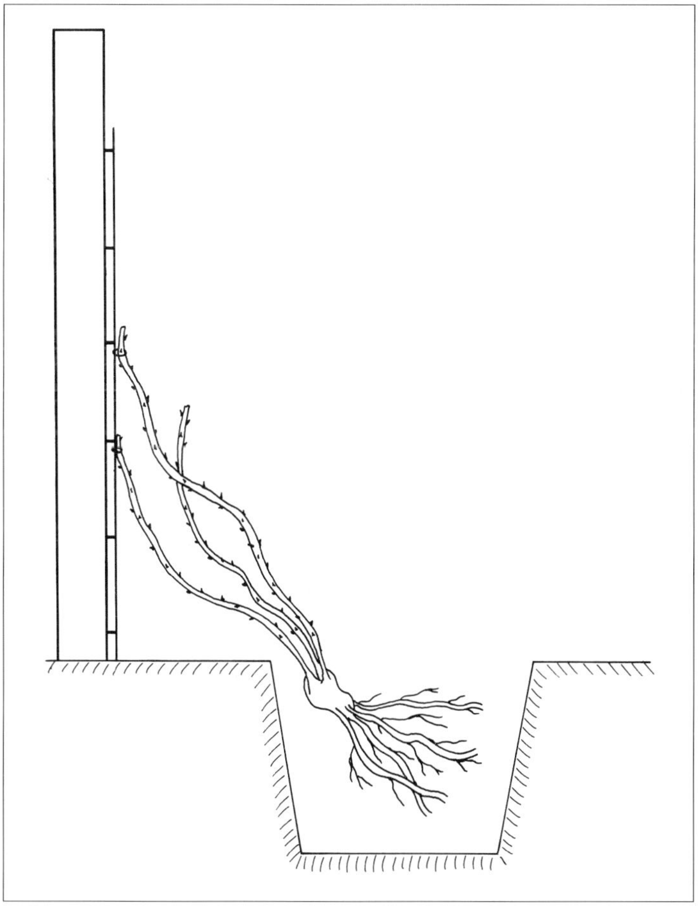

Abb. 7 (links): Pflanzanleitung für Kletterrosen: Die Wurzeln der Kletterrose sollen von der Hauswand, dem Klettergerüst etc. wegweisen. Dadurch wachsen sie in freie Bodenregionen hinein, die außerdem eher von Regenschauern erreicht werden als z. B. die Zone in unmittelbarer Nähe der Wand. Die Entfernung zwischen Pflanzloch und Wand sollte in jedem Fall 10–50 cm betragen.

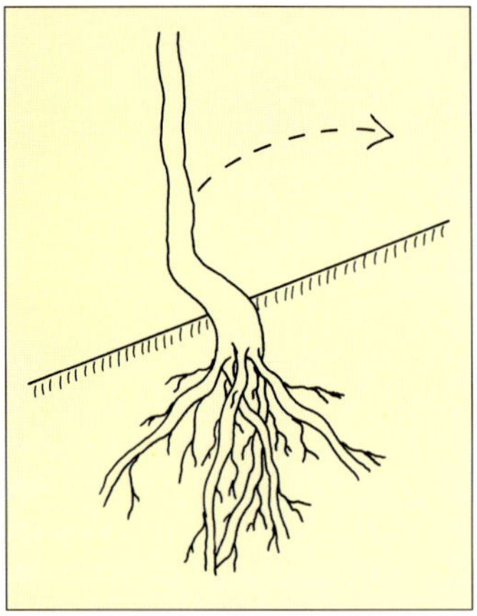

Abb. 8: Stammrosen werden so eingepflanzt, daß sich der Stamm in Richtung seiner natürlichen Biegung herunterbeugen läßt.

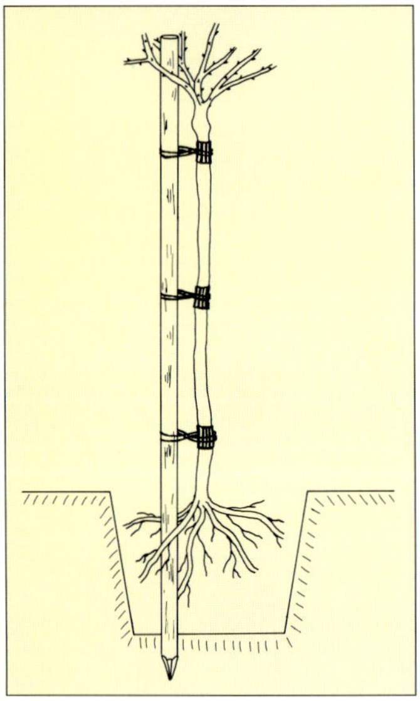

Abb. 9: Anbinden der frisch gepflanzten Stammrose: An den folgenden Stellen wird der Stamm der Rose zu seinem Schutz mit Gummi (im Fachhandel erhältlich) umhüllt: in der Nähe der Krone, in der Stammitte und im unteren Drittel des Stammes. Daraufhin binden Sie den Stamm an diesen Stellen mit Gummi-, Leder- oder auch Nylonband an den Holzpfahl an.

STAMMROSENPFLANZUNG

Beim Pflanzen Ihrer Stammrose sollten Sie berücksichtigen, daß Sie die Rose im Winter zu Boden legen, um sie vor Frost zu schützen. Jede Stammrose hat am Fuße ihres Stammes eine leichte, aber deutlich erkennbare natürliche Biegung (s. Abb. 8). Damit es an dieser Stelle beim Herabbiegen der Rose nicht zum Bruch des Stammes kommt, muß die Rose so eingepflanzt werden, daß sich ihr Stamm, wie in Abb. 8 dargestellt, ohne Schaden niederlegen läßt.

Stammrosen benötigen eine Stütze, da sie sonst bei Windstößen oder schon durch das Gewicht der eigenen Krone abknikken können. Deshalb rammen Sie als erstes einen 4–5 cm dicken imprägnierten Holzpfahl in das Pflanzloch (s. Abb. 9). Der Pfahl sollte so lang sein, daß er ca. 5–10 cm in die Krone der Rose hineinragt. Dann pflanzen Sie die Rose so neben den Pfahl, daß ihr Stamm möglichst nah am Pfahl entlangläuft (maximal 5 cm Entfernung). Pflanzen Sie Stammrosen nur so tief in die Erde ein, daß der Wurzelkopf – das ist die Stelle, wo die Wurzeln beginnen, sich zu verzweigen – in Höhe der Erdoberfläche oder leicht darunter zu liegen kommt (s. Abb. 9). So lassen sich eventuell heranwachsende Wildtriebe besser entfernen.

Nachdem Sie jetzt Pfahl und Rose in die Erde gebracht haben, füllen Sie wie üblich Erde ins Pflanzloch und verfahren weiter wie im Abschnitt »Strauchrosenpflanzung« beschrieben. Auch bei Stammrosen wird der Stamm leicht angehäufelt. Als zusätzlicher Schritt folgt nun noch das Befestigen des Rosenstammes am Holzpfahl (s. dazu Abb. 9). Bedenken Sie beim Anbinden des Stammes, daß Sie diesen nicht einschnüren: er soll zwar Halt bekommen, aber auch noch genug Freiraum haben, um wachsen und atmen zu können.

PFLANZUNG VON CONTAINERROSEN

Als Containerrosen werden in der Regel solche Rosen bezeichnet, die in Plastiktöpfe oder Folienbeutel mit einem Fassungsvermögen von mehr als 2 l gesetzt (sogenannte Container) und so auch von einigen Versendern (s. S. 80) zum Kauf angeboten werden. Heutzutage werden auch alte Rosen – ob nun als Strauch-, Kletter- oder Stammrose – immer häufiger in Folienbeuteln oder Töpfen verkauft. Solche Rosen können Sie das ganze Jahr über, sogar im Hochsommer, einpflanzen. Auch wenn die Containerrose in voller Blüte stehen sollte, können Sie sie unbesorgt an den für sie vorgesehenen Standort pflanzen. Dazu entfernen Sie zunächst den Topf oder Folienbeutel und setzen die Rose mitsamt ihrem Wurzelballen in das vorbereitete Pflanzloch. Daraufhin folgen die üblichen Arbeitsschritte, die Sie vom Pflanzen der wurzelnackten Rosen her kennen: Erde auffüllen, andrücken, wässern. Auf das Anhäufeln und Schattieren können Sie beim Einpflanzen von Containerrosen verzichten.

PFLEGE DES ROSENBEETES

Die regelmäßige und sorgfältige Bearbeitung des Bodens gehört mit zu den wichtigsten Pflegemaßnahmen im Rosenbeet oder -garten. Nach dem Schnitt der Rosen und dem Ausbringen der ersten Düngung im Frühjahr (März/April) wird der Boden um die Rosen herum gründlich 10–15 cm tief gelockert. Am besten eignet sich dafür eine zweizinkige Rosengabel, die im Fachgeschäft erhältlich ist (s. Abb. 10). Auch nach starken Regenfällen oder nach der Bewässerung der Rosen sollten Sie den Boden hin und wieder einmal – sobald er oberflächlich trocken ist – einige Zentimeter tief auflockern. Die Feuchtigkeit bleibt dann besser im Boden gespeichert, der so wichtige Luftaustausch wird intensiviert und die Verkrustung der Bodenoberfläche gehemmt. Um eine unerwünschte Verdichtung des Bodens zu vermeiden, sollten Sie den Boden so wenig wie möglich und wenn, dann niemals, wenn er naß ist, betreten!

Der Arbeitsaufwand für die Auflockerung des Bodens läßt sich zu einem großen Teil durch ein Abdecken des Bodens mit organischen Materialien (»Mulchen«) vermeiden. Das Ausbringen einer 10–15 cm dicken Mulchschicht aus älterem, strohigem Mist, kurzgeschnittenem Stroh, gut verrottetem Kompost, Grasschnitt o. ä. verhindert die Austrocknung des Bodens, reichert ihn mit Humus an, lockert ihn und aktiviert die Bodenorganismen. Außerdem wird das Auflaufen von Unkräutern verringert.

Die Mulchschicht können Sie bereits früh im November oder auch im Frühjahr nach Schnitt, Düngung und Bodenbearbeitung im Rosenbeet verteilen. Damit das Abdecken des Bodens auch wirklich den erhofften Erfolg bringt und die Arbeit einspart, darf die Mulchschicht nicht zu dünn sein (10–15 cm!). Besonders auf leichten, sandigen Böden empfiehlt es sich, in jedem Herbst eine Mulchschicht auszubringen, da in diesen Böden ständig für Nachschub an Humus gesorgt werden muß.

Wenn in Ihrem Rosenbeet Unkraut auftritt, dann sollten Sie es regelmäßig von Hand oder durch vorsichtiges, oberflächliches Lockern des Bodens mit einer Hacke entfernen (Vorsicht Wurzeln!). Unkraut sieht in den Rosenbeeten nicht nur unschön aus, sondern es konkurriert auch stark mit Ihren Rosen um Licht, Wasser und Nährstoffe.

Ebenso hindern auch Wildtriebe, die im Wurzelbereich der Rosenunterlage entstehen, das Wachstum Ihrer Rose. Deshalb sollten Sie diese, selbst wenn Sie dazu die Wurzeln der Rose freilegen müssen, an ihrem Ausgangspunkt nach unten wegdrücken oder vorsichtig abreißen. So gehen Sie sicher, daß sich an dieser Stelle kein neuer Wildtrieb bildet.

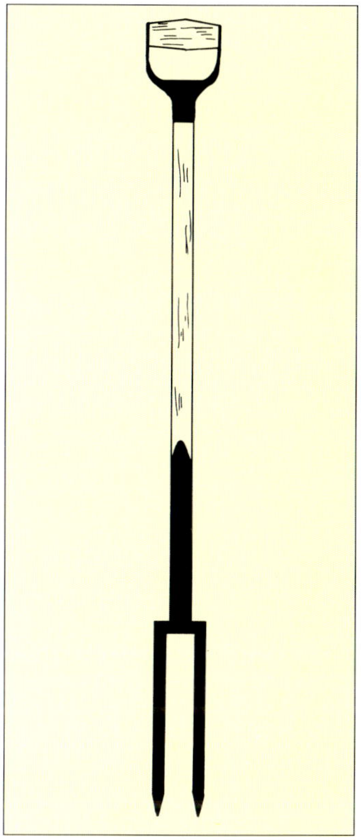

Abb. 10: Rosengabel: mit ihr können Sie den Boden bis in hinreichende Tiefe auflockern, ohne allzuviele Rosenwurzeln oder den Wurzelhals zu verletzen.

Düngung

Ausgewogene Ernährung ist eine der Grundvoraussetzungen für die Gesundheit Ihrer Rosen. Mit Hilfe einer kontinuierlichen, wohldosierten Düngung läßt sich eine Über- bzw. Unterversorgung Ihrer Rosen mit Nährstoffen vermeiden.

Ich möchte Ihnen an dieser Stelle eine Düngungsmethode empfehlen, die z. B. im Rosarium in Dortmund mit gutem Erfolg eingesetzt wird. Es handelt sich dabei um eine Kombination aus organischer und mineralischer Düngung: Im *Spätherbst oder Winter* düngen Sie organisch, d. h. Sie bringen eine mindestens 5 cm dicke Schicht von gut verrottetem, strohigem Mist, stark zersetztem Kompost, kurzgeschnittenem Stroh o. ä. auf Ihre Rosenbeete. Diese organischen Materialien verbessern den Boden erheblich. Sie regen das Bodenleben an, lockern den Boden und führen ihm gleichzeitig Nährstoffe und Humus zu. Im *Frühjahr* dagegen – am besten im März nach dem Schnitt der Rosen – wird mineralisch gedüngt. Pro Quadratmeter Beetfläche streuen Sie z. B. eine Handvoll Blaukorn oder speziellen Rosendünger aus und arbeiten ihn vorsichtig (Wurzeln!) einige cm tief in den Boden ein. Der verwendete Dünger muß in jedem Fall chloridfrei sein, da Rosen chloridempfindlich sind. Im *Mai/Juni* zu Beginn der Rosenblüte verabreichen Sie nochmals die gleiche Menge Dünger wie im Frühjahr. Im *Herbst* erfolgt dann wieder die organische Düngung.

Falls Sie den Dünger ausbringen wollen, der Boden aber zu diesem Zeitpunkt trocken ist, so sollten Sie ihn vorher und auch nachher durchdringend wässern.

Frischgesetzte Rosen (unabhängig davon, ob im Herbst oder Frühjahr gepflanzt) erhalten erst dann eine mineralische Düngergabe, wenn sich die ersten Blütenknospen zeigen. Zu diesem Zeitpunkt kann man sicher sein, daß sich das Wurzelwerk der jungen Rosen gut ausgebildet hat und die frischen Rosenwurzeln nicht mehr durch den Dünger geschädigt werden.

Damit das Holz Ihrer Rosen noch rechtzeitig vor dem Winter genügend ausreift und eine genügende Frosthärte entwickeln kann, sollten Sie ab spätestens Mitte Juli nicht mehr mit Stickstoff düngen.

Falls Ihnen Zweifel an der von Ihnen durchgeführten Düngepraxis bzw. generell an der Notwendigkeit einer Düngung Ihres Bodens kommen, so können Sie ihn in einem Labor für Bodenanalysen z. B. in Koldingen bei Hannover untersuchen lassen. Zusammen mit den Analysewerten erhalten Sie dann Empfehlungen für die Düngung Ihrer Rosen, die speziell für Ihren Boden ausgelegt sind. Allerdings kostet eine derartige Untersuchung ca. 20–30 DM.

TIP Rosen lieben nährstoff- und humusreiche Böden. Haben Sie schon einmal darüber nachgedacht, in Ihrem Garten einen eigenen Komposthaufen anzulegen? Damit würden Sie sich auf umweltschonende Weise Ihrer organischen Küchenabfälle entledigen und zudem bald einen eigenen wertvollen Beitrag zur Versorgung Ihrer Rosen leisten können.

Bewässerung

Bei besonders lang anhaltender Trockenheit und speziell in der Zeit nach dem Pflanzen der Rosen kann es nötig werden, daß Sie zu Gießkanne oder Gartenschlauch greifen, um Ihre Rosen mit Wasser zu versorgen. Beim Gießen Ihrer Rosen sollten Sie folgende Grundregeln beachten: 1. Frisch gepflanzte Rosen sowie Rosen an trockenen Standorten (auf sandigen Böden, in der Nähe von Hauswänden) vertragen die Trockenheit schlechter als ältere Rosen oder solche an feuchten Standorten und müssen daher öfter gegossen werden. 2. Gießen Sie Ihre Rosen aber nie in der Mittagssonne! Nutzen Sie zum Gießen die kühleren Abend- oder Morgenstunden. 3. Achten Sie darauf, daß nur der Boden und nicht die Pflanze naß wird, da sich auf nassen Blättern eher schädliche Pilze ansiedeln. 4. Wässern Sie Ihre Rosen lieber seltener und dafür gründlich – mindestens 20 l/m^2 – als häufiger und sparsam. Nach einer derart ausgiebigen Wasserzufuhr können Sie eine ein- bis dreiwöchige Gießpause einlegen (je nach Bodenart, Standort und Alter der Rose). 5. Ist Ihr Boden stark ausgetrocknet, so feuchten Sie ihn vor dem Bewässern gut an. In jedem Fall müssen Sie sich aber beim Gießen Zeit lassen. Das kostbare Wasser sollte hauptsächlich in den oberen Bodenbereich gelangen und nicht durch die gröberen Poren des Bodens schnell versickern. Deshalb wird das Wasser langsam und mit schwachem Strahl an die Rosen gegossen. 6. Nach dem Gießen, wenn der Boden leicht angetrocknet ist, sollten Sie die oberen 3–5 cm auflockern. Dann wird die in den Boden eingebrachte Feuchtigkeit besser konserviert. 7. Als Schutz vor dem Austrocknen und Verkrusten des Bodens wurde an anderer Stelle (s. S. 35) bereits das Mulchen der Rosenbeete empfohlen.

Im Hintergrund ein schönes Exemplar der Bourbonrose 'Zigeunerknabe', davor eine Hybride von Rosa rugosa.

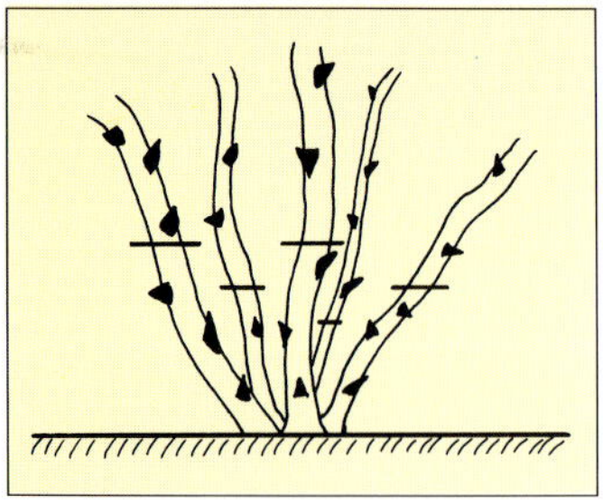

Abb. 11: Rückschnitt in Abhängigkeit von der Dicke der Triebe: Kräftige Triebe werden weniger weit zurückgeschnitten als dünne.

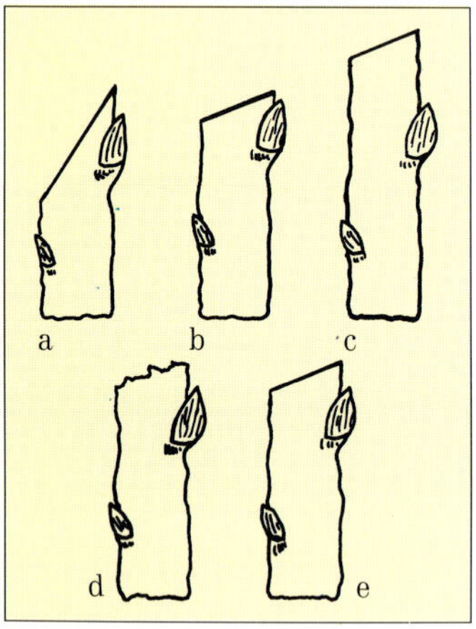

Abb. 12: a) zu steil; b) zu nah am Auge; c) zu weit weg vom Auge; d) unsauberer Schnitt durch »reißendes« Werkzeug: eine Eintrittspforte für Schädlinge! e) richtiger Schnitt!

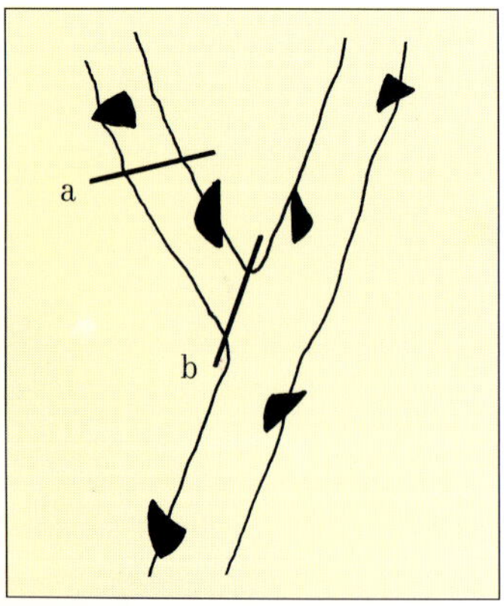

Abb. 13: Beim Entfernen von Trieben (Seiten- oder Haupttriebe) keinen Zapfen stehenlassen!

Das Schneiden alter Rosen

Das Schneiden alter Rosen gehört zu den unerläßlichen Pflegemaßnahmen, um Gesundheit und Blühwilligkeit Ihrer Rosen zu erhalten oder zu steigern. Die Anweisungen auf den folgenden Seiten sind lediglich Richtlinien, die je nach Ihren eigenen Wünschen und nach den Eigenschaften der betreffenden Sorten variiert werden können. Mit der Zeit entwickeln Sie sicherlich auch ein eigenes Gespür dafür, ob und wieviel geschnitten werden muß.

Die Mehrzahl alter Rosen zählt man zur Gruppe der Strauchrosen. Es gibt aber auch einige Sorten, die zu den Kletter- und Stammrosen gehören. Der Schnitt Ihrer Rosen richtet sich nicht nur nach den Wuchs- und Blüheigenschaften dieser Rosengruppen, sondern auch nach Ihren eigenen Vorstellungen. In jedem Fall aber hängt die Wirkung des Rosenschnittes von der Wuchskraft der Sorte sowie von der Art des Rückschnittes ab. So bewirkt ein starker Rückschnitt einen kräftigen, späten Austrieb mit spätem Blühbeginn. Ein schwacher Rückschnitt hingegen hat das Gegenteil zur Folge: einen schwächeren, frühen Austrieb mit entsprechend zeitig einsetzender Blüte. Wenn man die sortenspezifische Wuchskraft und die Stärke der einzelnen Rosentriebe berücksichtigt, läßt sich die folgende Regel aufstellen: *Starkwüchsige Sorten und starke Triebe werden schwach zurückgeschnitten, schwachwüchsige Sorten und schwache Triebe dagegen stark* (s. Abb. 11).

Der günstigste Zeitpunkt für den Hauptschnitt fast aller alten Rosen liegt im Frühjahr. Der Schnitt sollte durchgeführt werden, wenn die unteren Knospen des Rosentriebes zu schwellen beginnen. Ausnahmen sind hierbei Kletterrosen und öfterblühende Strauchrosen, da bei ihnen zumindest ein Teil der Schnittarbeit in den Sommer fällt.

Sparen Sie in keinem Fall am Werkzeug! Zur Ausführung eines sachgemäßen Rosenschnittes benötigen Sie eine sauber und glatt schneidende Schere und für dickere Äste u. U. auch eine gute Astschere. Wenn Sie ungeeignetes Werkzeug verwenden, können Sie Ihren Rosen erheblichen Schaden zufügen und sich selbst die Arbeit unnötig erschweren.

Die Abb. 12 zeigt Ihnen, wie Sie beim Einkürzen von Trieben richtig vorgehen (e), bzw. wie Sie es nicht machen sollten (a–d). Der richtig ausgeführte Schnitt (e) wird leicht schräg in einem Abstand von ca. 0,5 cm über dem Auge angesetzt. Die Schnittfläche ist glatt und fällt leicht vom Auge weg nach hinten ab. Sollen Seiten- oder ganze Triebe entfernt werden (Abb. 13), so darf kein Zapfen zurückbleiben (a). Die Seitentriebe sind direkt an ihrer Entstehungsstelle abzuschneiden (b), ganze Haupttriebe aber so nah wie möglich am Boden.

DER PFLANZSCHNITT

Sowohl bei Herbst- als auch bei Frühjahrspflanzung wird der Schnitt der oberirdischen Triebe *immer erst im Frühjahr* vorgenommen. Die Rosen sämtlicher Gruppen werden dabei einheitlich stark zurückgeschnitten, kräftige Triebe auf maximal 5 Augen, schwache Triebe auf 3 Augen eingekürzt. Die Augen werden vom unteren Ende des entsprechenden Triebes nach oben gezählt (s. Abb. 14).

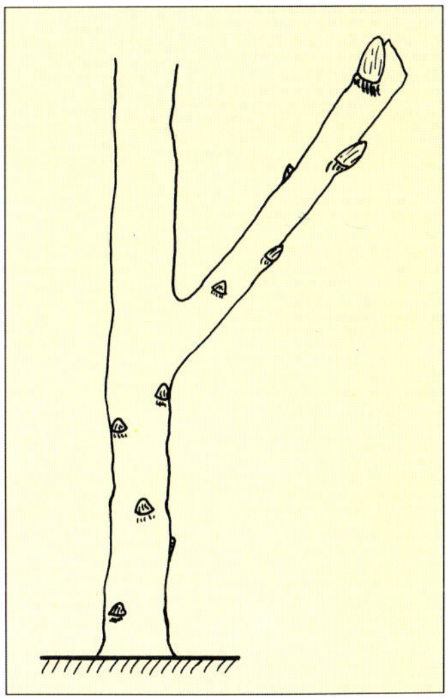

Abb. 14: Ein auf fünf Augen eingekürzter Seitentrieb. Beim Rückschnitt des Haupttriebes würde man die Augen vom Boden aus nach oben zählen.

DER SCHNITT IN DEN FOLGENDEN JAHREN

Für alle alten Rosen gilt, daß regelmäßig im Frühjahr totes, abgebrochenes und sehr schwaches Holz entfernt werden muß, um die Pflanzen auszulichten und Platz für junge Triebe zu schaffen. Auch werden luftige und nicht zu dichte Sträucher weniger leicht von Schadorganismen befallen. Sowohl bei Kletter- als auch bei Strauchrosen sollten alle 2–3 Jahre die ältesten Triebe am Erdboden abgeschnitten werden. Abb. 15 zeigt Ihnen ein Beispiel für das starke Auslichten einer Strauchrose. Durch ein solches Auslichten werden die Sträucher zur Bildung junger, gesunder Neutriebe angeregt.

EINMALBLÜHENDE STRAUCHROSEN Zusätzlich zu dem oben beschriebenen Auslichten fällt bei Vertretern dieser Rosengruppe keine Schnittarbeit an. In der Regel gedeihen diese Rosen ohne einen Rückschnitt der Triebe sehr gut – dann entwickeln sie häufig erst den für sie typischen Wuchs.

ÖFTERBLÜHENDE STRAUCHROSEN Auch diese Rosen werden laufend ausgelichtet. Daneben kann es z. B. bei sparrigem und kümmerlichem Wuchs der Rose angebracht sein, im Frühjahr die Triebe einzukürzen: Starke Triebe werden um ein Drittel ihrer Länge und schwache Seitentriebe auf 3–5 Augen zurückgeschnitten. Zusätzlich zu diesem Rückschnitt im Frühjahr werden im Sommer die verwelkenden Blütenstände abgeschnitten, um den nachfolgenden Blütenflor zu kräftigen.

KLETTERROSEN Obwohl auch hier der Schnitt im Frühjahr möglich ist, schneidet man diese Rosen am besten gleich nach der Blüte, um das Ausreifen des Holzes zu fördern. Das Entfernen schwächlicher und kranker Triebe gehört zu den wichtigsten Arbeiten. Weiterhin sollten die Seitentriebe am älteren Holz auf 2–5 Augen eingekürzt werden. Schwache Seitentriebe sowie verwelkte Blütenstände werden ebenfalls entfernt. Alle 2–3 Jahre werden wie bei Strauchrosen die ältesten Triebe so weit unten wie möglich weggeschnitten, um die Bildung von Neutrieben zu fördern.

STAMMROSEN Stammrosen sind – im Fall alter Rosen – meistens nichts anderes als auf einen Stamm veredelte Strauch- oder Kletterrosen. Für sie gilt somit auch: im Frühjahr auslichten, die Rose zur Bildung neuer Triebe anregen und die verbleibenden Triebe zurückschneiden. Bei starken Trieben können Sie 6–7, bei mittleren 4–5 und bei schwachen 2–3 Augen stehen lassen, wiederum je nach Wuchskraft der Sorte.

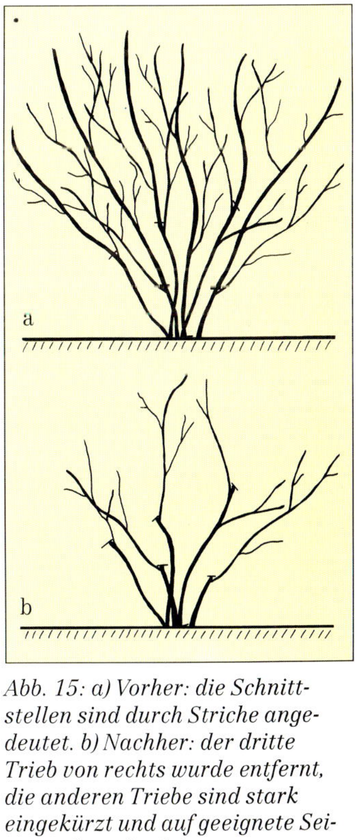

Abb. 15: a) Vorher: die Schnittstellen sind durch Striche angedeutet. b) Nachher: der dritte Trieb von rechts wurde entfernt, die anderen Triebe sind stark eingekürzt und auf geeignete Seitentriebe »abgeleitet«.

Rosenkrankheiten – Vorbeugung und Bekämpfung

Einen zentralen Platz im Kampf gegen Rosenkrankheiten und -schädlinge sollten vorbeugende Maßnahmen einnehmen. Dazu zählen unter anderem auch die Hinweise, die ich Ihnen zu Auswahl und Kauf, Pflanzung und Pflege Ihrer Rosen gegeben habe. Gezielte Rosenauswahl, Wahl eines geeigneten Standortes sowie sorgfältige und intensive Pflegemaßnahmen tragen nicht unerheblich zum Schutz Ihrer Rose vor Krankheiten bei. Kräftige und gesunde Rosensträucher sind die beste Voraussetzung zur Vermeidung von Rosenkrankheiten.
Trotz all dieser vorbeugenden Maßnahmen läßt es sich oftmals dennoch nicht vermeiden, daß es zur Erkrankung einer Rose kommt. Bevor Sie im Kampf gegen Schädlinge und Pflanzenkrankheiten zu chemischen Pflanzenschutzmitteln greifen, sollten Sie sich gut überlegen, ob nicht dieselbe Wirkung durch natürliche, wesentlich umweltfreundlichere Maßnahmen zu erzielen ist. So kann man z. B. Blattläuse durch ihre natürlichen Feinde wie Marienkäfer und deren Larven, Meisen, Florfliegen, Schlupfwespen etc. bekämpfen.
Wägen Sie in jedem Fall gut ab, ob der Einsatz chemischer Schädlingsbekämpfungsmittel wirklich unvermeidbar ist! Beim Gebrauch derartiger Pflanzenschutzmittel sollten Sie stets daran denken, daß diese Gifte Ihre Umwelt belasten. Gehen Sie vorsichtig und genau nach Anleitung mit den Pflanzenschutzmitteln um! Verwenden Sie diese höchstens in den angegebenen Konzentrationen und Mengen! Bereiten Sie auch nur soviel Spritzbrühe vor, wie Sie tatsächlich benötigen! Lassen Sie sich im Fachhandel ausführlich über die angebotenen Pflanzenschutzmittel beraten und fragen Sie nach Pflanzenschutzmitteln, die nicht bienengefährlich und nützlingschonend sind! Bei wiederholtem Einsatz von Spritzmitteln empfiehlt es sich zudem, die Wirkstoffe bzw. Präparate zu wechseln, um die Entwicklung resistenter Schädlingsgenerationen zu vermeiden.
Im folgenden möchte ich Ihnen stichwortartig einige der wichtigsten Rosenkrankheiten und -schädlinge beschreiben sowie Maßnahmen zu ihrer Bekämpfung empfehlen. Umfassendere Informationen zu den beschriebenen und weiteren Rosenkrankheiten und über Möglichkeiten ihrer Bekämpfung finden Sie in der weiterführenden Fachliteratur (s. Anhang).

TIP Wie wär's mit einem schönen Strauß Rosen aus dem eigenen Garten? Sicherlich eine gute Idee – bedenken Sie aber beim Abschneiden der Blüten, daß Sie die Blütenstiele so weit unten wie möglich abschneiden, ohne Zapfen stehenzulassen. Benutzen Sie außerdem nur solche Scheren, die wirklich schneiden und nicht quetschen! Denn vor allem unsaubere Schnittstellen an ihren Rosensträuchern erhöhen die Gefahr von Erkrankungen ganz erheblich – sie sind geradezu vorzügliche Angriffspunkte für Krankheitserreger.

PILZKRANKHEITEN

Für die Bekämpfung der vier hier aufgeführten wichtigsten Pilzerkrankungen der Rosen ist vor allem die Hygiene im Rosenbeet wichtig, d. h. die Entfernung und Vernichtung der von Pilzen befallenen Pflanzenteile. Daneben läßt sich der Pilzbefall Ihrer Rosen häufig auch auf natürlichem Wege eindämmen: durch das Bestäuben der taufeuchten Blätter mit Gesteinsmehlen, Holzasche, Algenkalk oder aber auch durch das Spritzen der Rosen mit Algenextrakt oder Schachtelhalm-Absud (100 g frischen oder 30 g getrockneten Schachtelhalm *(Equisetum arvense)* 20 Minuten in Wasser kochen, auf 10 l verdünnen). Außerdem sind anorganische Schwefel- und Kupferpräparate in den jeweils angegebenen Mengen nicht bienengefährdend und weder für Mensch noch Tier bedenklich (z. B. Netzschwefel, Kupfersalze). Nur wenn es sich wirklich nicht vermeiden läßt, sollten Sie chemische Pflanzenschutzmittel zur Bekämpfung von Pilzerkrankungen an Ihren Rosen einsetzen!

ECHTER MEHLTAU Weißer, mehliger Überzug auf Trieben, Knospen und Blättern; dadurch Austrocknen der Blätter, schlechte Ausreife des Holzes, geringe Frosthärte. *Vorbeugung:* Wahl widerstandsfähiger Sorten, luftiger Standort, Hygiene im Rosenbeet, Vermeidung einseitiger Stickstoff- und Kalk-Gaben. *Bekämpfung:* s. oben.

Vom echten Mehltau befallene Rose. Der Pilz findet sich an allen jungen Pflanzenteilen, Blättern, Trieben und Knospen.

STERNRUSSTAU Violettbraune bis schwarze Flecken auf den Blättern (bis zu 1 cm groß), die zum Blattrand hin meist sternförmig auslaufen; Blätter vergilben, fallen leicht ab, schlechte Holzausreife, mangelnde Frosthärte. *Vorbeugung:* Luftiger, nicht zu feuchter oder schattiger Standort; ausgewogene Düngung; Pflanzen immer gut auf Befall hin kontrollieren; Hygiene im Rosenbeet. *Bekämpfung:* s. oben.

ROSENROST Gelb- bis rotgefärbte Flecken auf der Blattoberseite; gelbe Pusteln (Sporenlager) auf der Blattunterseite; Blattfall, Triebverkrümmungen. *Vorbeugung:* Gut durchlüftete, nicht feuchte Standorte, gute Ernährung (Kalium); Hygiene im Rosenbeet. *Bekämpfung:* s. oben.

FALSCHER MEHLTAU Unregelmäßig geformte, gelbbraune bis rötlich-blaue Flecken, die später eintrocknen; blattunterseits grünlich-weißer Schimmel; Blätter rollen sich ein, welken und fallen ab; allgemeine Schwächung der Rose. *Vorbeugung:* Wahl eines hellen, luftigen Standortes, Hygiene im Rosenbeet.

TIP Benutzen auch Sie Brennesseljauche zur Abwehr von Schädlingen an Ihren Rosen? Diese biologische Pflanzenschutzmaßnahme ist natürlich sehr begrüßenswert – dennoch sollten Sie folgendes bedenken: In der Brennesseljauche ist auch Stickstoff enthalten. Bei jeder Behandlung mit Brennesseljauche wird die Rose somit über das Blatt mit Stickstoff gedüngt. Ab Mitte Juli sollten Sie Ihre Rosen lieber nicht mehr mit Brennesseljauche spritzen, da sonst das Wachstum in den Rosentrieben nicht rechtzeitig vor dem Winter zum Stillstand kommt und sich deshalb keine genügende Frosthärte entwickeln kann.

TIERISCHE SCHÄDLINGE

Wenn es darum geht, Rote Spinne, Blattläuse oder andere tierische Schädlinge an Ihren Rosen zu bekämpfen, sollten Sie sich deren natürliche Feinde zunutze machen. Im Fachhandel können Sie solche Nützlinge beziehen (z. B. Raubmilben, Gallmücken, Larven von Florfliegen), die sich von den Schädlingen an Ihrer Rose ernähren. Auf diese Weise läßt sich der Befall Ihrer Rose mit Roter Spinne oder Blattläusen sehr wirkungsvoll vermindern. Ein leichter Befall mit Blattläusen kann häufig bereits durch das Aussetzen von Marienkäfern auf Ihre Rose abgewehrt werden. Auch das Abgießen der Rosenpflanzen mit Seifenwasser kann in solchen Fällen helfen, um sich der lästigen Schädlinge zu entledigen. Wie bei der Bekämpfung von Pilzkrankheiten, so sollten Sie auch zur Abwehr tierischer Schädlinge so wenig chemische Pflanzenschutzmittel wie möglich verwenden!

ROTE SPINNE Grün-gelbe oder rötliche, weniger als 1 mm große Milben auf der Blattunterseite; sehr feine Gespinste; viele punktförmig aufgehellte Saugstellen; später vergilben die Blätter und fallen ab; allgemeine Schwächung der Pflanze. *Vorbeugung:* Unbedingt heiße, trockene Standorte (Südwände, Nähe von Asphaltwegen) meiden.

BLATTLÄUSE Vorwiegend junge und zarte Pflanzenteile werden von verschiedenfarbigen Blattläusen befallen und angesaugt; dadurch Kräuseln, Verfärben und Verkümmern der Blätter und Triebe. *Vorbeugung:* Luftiger, freier Standort; Blattlaus-Eigelege entfernen (kleine, glänzende, schwarze Eier an Zweigen und Trieben); Förderung der natürlichen Feinde (Vögel, Marienkäfer, Florfliege etc.).

ROSENZIKADE Blätter oberseits durch Saugtätigkeit gelblichweiß gescheckt, unterseits 3–4 mm lange geflügelte, springende gelblich-weiße Zikaden; Blätter vertrocknen, Knospen verkrüppeln, deutliche Beeinträchtigung des Wachstums. *Vorbeugung:* Allzu geschützte Standorte meiden; bei starkem vorjährigem Befall evtl. Austriebsspritzung.

Nach dieser kurzen Übersicht über die wichtigsten Rosenkrankheiten möchte ich Ihnen im nächsten Abschnitt einige Hinweise geben, wie Sie Ihre Rosen behandeln sollten, damit sie möglichst schadlos überwintern.

WINTERSCHUTZ

Für die Überwinterung von Strauch- und Kletterrosen ist wichtig, daß die Veredlungsstelle tief genug in den Boden gepflanzt wurde (3 bis max. 5 cm; s. Abb. 3, S. 32). Darüber hinaus besteht ein erster Schritt des Winterschutzes darin, die Stickstoff-Düngung Ihrer Rosen rechtzeitig (spätestens Mitte Juli) zu beenden. Nur eine Pflanze, die ihr Wachstum früh genug einstellt und deren Triebe somit vor dem Winter gut ausreifen können, bringt das Rüstzeug mit, das sie zum schadlosen Überstehen des Winters benötigt. Weiterhin sollten Sie ab September den Boden nicht mehr bearbeiten, damit auch die Bodenorganismen zur Ruhe kommen und keinen Stickstoff mehr freisetzen.

Der Zeitpunkt für die eigentlichen Winterschutzmaßnahmen darf in keinem Fall zu früh gewählt werden. Ihre Pflanze sollte, so lange es die Witterung zuläßt, der frischen Luft ausgesetzt sein. Erst wenn Dauerfrost zu erwarten ist oder die Temperaturen unter –10 °C fallen, sollten Sie mit den Arbeiten beginnen.

Auf den folgenden Seiten werden die Maßnahmen beschrieben, die Sie für den Winterschutz von Strauch-, Kletter- und Stammrosen sowie auch für Rosen in Pflanzgefäßen ergreifen sollten.

STRAUCHROSEN

Der erste Schritt ist das Anhäufeln Ihrer Rosen mit einem 10–20 cm hohen Erdhügel (s. Abb. 16). Als zweite Schutzschicht – oder auch wenn die Erde nicht reichen sollte – geben

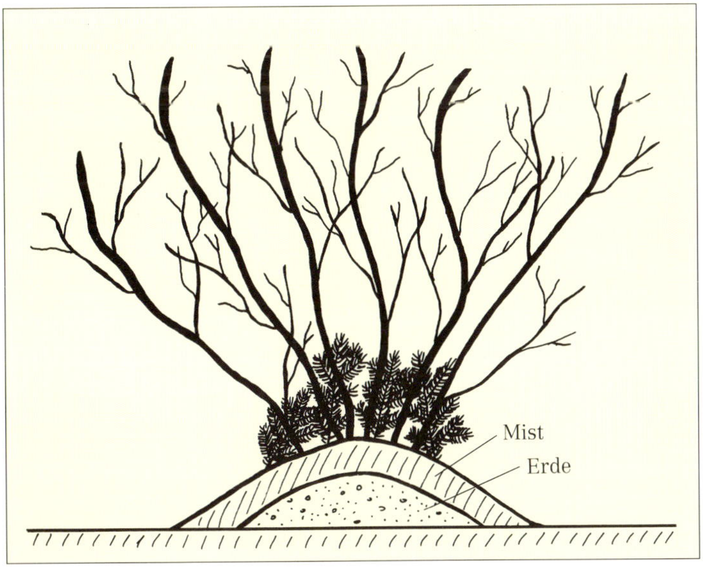

Abb. 16: Strauchrose mit optimalem Winterschutz: Die Erde, die Sie zum Anhäufeln benötigen, ziehen Sie vorsichtig (Achtung Wurzeln!) aus der Umgebung der Rose zusammen und legen strohigen Mist, Kompost, Bohnen- oder Heidekraut o. ä. obenauf. Das Reisig legen oder stecken Sie als eine lockere Schicht auf diesen Hügel bzw. zwischen die Triebe – ein idealer Sonnen- und Windschutz für Ihre Rose!

Sie dann strohigen Mist, gut verrotteten Kompost, Bohnenstroh, Heidekraut o. ä. auf den Erdhügel und auch um die Rosen herum. Wollen Sie den Winterschutz Ihrer Rosen besonders sorgfältig durchführen, so schützen Sie die Rosentriebe noch zusätzlich mit Nadelholzreisig (z. B. von einem ausgedienten Weihnachtsbaum) (s. Abb. 16). Dieses dient als Sonnen- und Windschutz und schützt Ihre Rose vor den gefährlichen, extremen Temperaturschwankungen, die besonders an strahlungsreichen Tagen im Januar und Februar auftreten können.
Der Winterschutz darf nicht zu früh entfernt werden. Ein Richtwert für den geeigneten Zeitpunkt ist der Beginn der Forsythienblüte, der in der Regel Ende März/Anfang April liegt. An einem keineswegs sonnigen, sondern eher trüben Tag können Sie dann das Reisig wegnehmen und die übrigen Abdeckmaterialien (Kompost, Mist, Erde etc.) gleichmäßig im Rosenbeet verteilen.

KLETTERROSEN

Auch Kletterrosen werden im unteren Bereich 10–20 cm hoch mit Erde angehäufelt und die Triebe auf die in Abb. 17 dargestellte Weise mit Nadelholzreisig geschützt. Sie können die Triebe aber auch in dünnes Juteleinen einbinden. Das Entfernen des Winterschutzes erfolgt wie bei den Strauchrosen.

STAMMROSEN

Oftmals befinden sich in den Kronen von Stammrosen zum Zeitpunkt der Einwinterung noch Blätter. Diese sollten abgepflückt oder abgeschnitten werden. Zudem müssen die noch weichen Triebspitzen entfernt werden, da sie im Winter nur verfaulen würden. Sofern der Stamm der Rose noch biegsam ist, wird die Rose vorsichtig niedergelegt (s. Abb. 18), und

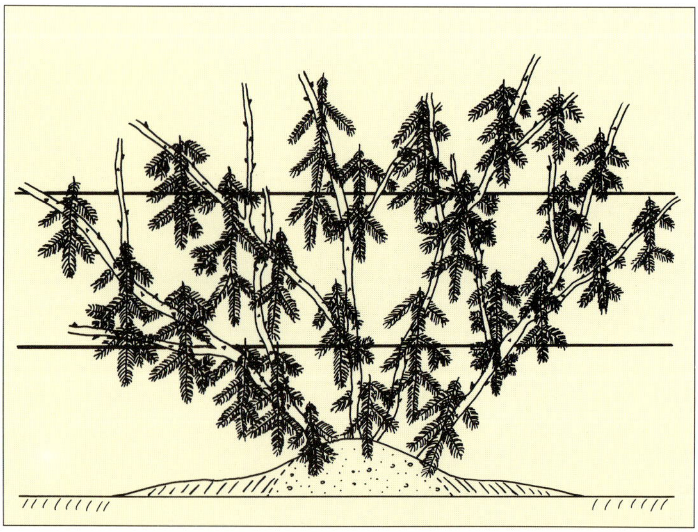

Abb. 17: Winterschutz für Kletterrosen: Der Erdhügel gehört genauso dazu wie eine schützende Schicht aus strohigem Mist, Kompost o. ä., die in einem Durchmesser von etwa 70 cm um die Rose herum und eventuell auch auf dem Erdhügel verteilt wird. Zum Schutz der kletternden Triebe hängen Sie Nadelholzreisig fischschuppenartig bis in eine Höhe von ca. 80–100 cm in die Triebe hinein.

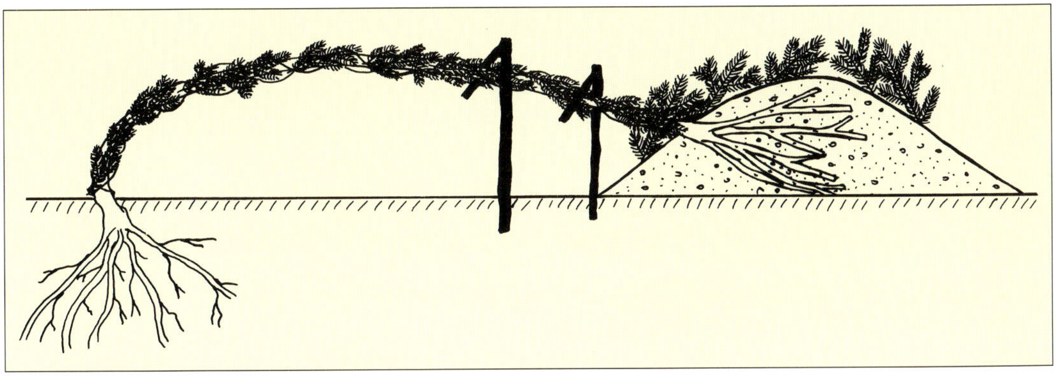

zwar in Richtung der natürlichen Biegung am Fuß des Stammes (s. Abb. 8, S. 34). Es empfiehlt sich, den Stamm dafür bis zur Wurzel freizugraben, denn so erkennen Sie die Krümmung des Stammes besser, und die Rose läßt sich zudem leichter umlegen. Ergreifen Sie mit der einen Hand die gebogene Stelle unten am Stamm und biegen Sie den Stamm dann vorsichtig mit der anderen Hand herunter. Mit Astgabeln o. ä. wird der Stamm am Boden festgehalten. Abb. 18 zeigt Ihnen dann, wie Sie weiter bei der Einwinterung Ihrer Stammrose verfahren. In besonders milden Gegenden können Sie u. U. ganz auf das Herunterlegen der Stammrose verzichten, denn in solchen Regionen reicht normalerweise das Schützen der empfindlichen Veredlungsstelle Ihrer Stammrose als Winterschutz aus. Dazu binden Sie den Veredlungsknoten mit Holzwolle, Stroh, Reisig oder auch Moos ein.

Ist Ihre Stammrose so alt, daß sich ihr Stamm nicht mehr herunterbiegen läßt, so binden Sie die Krone zusammen, verpacken diese in Holzwolle, Heidekraut o. ä. und schützen sie noch vorsorglich mit einer Reisigschicht. Der Stamm wird ebenfalls mit Reisig oder Juteleinen umhüllt – auch hier gilt: kein Plastikmaterial verwenden! Denn in Plastiktüten staut sich bei Sonnenschein über Tag extrem viel Wärme. Die starke Temperaturabsenkung in der Nacht kann dann die Rose sehr stark schädigen!

Das Abnehmen der schützenden Hüllen erfolgt bei Stammrosen zum gleichen Zeitpunkt wie bei den übrigen Rosen. Es ist ratsam, den Stamm dann nicht sofort wieder anzubinden und in seine senkrechte Haltung zu zwingen. Entfernen Sie die Astgabeln, die den Stamm am Boden gehalten haben und lassen Sie ihn erst einmal ein paar Tage lang in der Position verharren, die er dann von selber einnimmt.

Abb. 18: Winterschutz für Stammrosen: Krone und Veredlungsstelle – sie sitzt etwas unterhalb der Krone – werden mit Stroh, Holzwolle, Heidekraut oder Erde locker angefüllt bzw. umhüllt. Dabei dürfen keine Hohlräume entstehen. Trotzdem sollte die Füllung aber nicht zu fest und dicht gepackt sein. Mit Hilfe von Astgabeln oder über Kreuz gesteckten Holzstäben befestigen Sie dann den Stamm am Boden. Zum Abschluß bedecken Sie die Krone noch mit einer Schicht Erde. Zusätzlich können Sie auch hier Nadelreisig als Schutzschicht obenauflegen bzw. in den Schutzhügel hineinstecken. Den Stamm sollten Sie mit dünnen, aufgeschnittenen Juteleinensäcken oder mit Reisig umhüllen, in keinem Fall aber mit Plastiktüten o. ä.

ROSEN IN PFLANZGEFÄSSEN

Rosen, die Sie in Pflanzkübel oder andere transportable Gefäße gepflanzt haben, werden bei Frost in einen kühlen, aber frostfreien Raum gestellt und dort überwintert. Warten Sie mit der Rückkehr ins Freie, bis keine Fröste mehr drohen.

ALTE ROSEN IN BEETEN UND GÄRTEN

Schon die ungeheuer große Zahl verschiedener alter Rosen weist auf die fast unbeschränkten Möglichkeiten hin, alte Rosen in Ihren Garten einzubeziehen. So gibt es unter ihnen eine Reihe eher zierlicher Sorten (wie z. B. einige Chinarosen) sowie Sorten, die zu kräftigen, hohen Sträuchern heranwachsen (z. B. viele Alba-, Damaszener- und Remontantrosen). Daneben kann sich manche alte Rose durch ihren kletternden Wuchs u. U. bis in einige Meter Höhe ausdehnen (z. B. Noisetterosen).

Wo kommen alte Rosen in Ihrem Garten am besten zur Geltung? Welche Begleit- und Hintergrundpflanzen unterstreichen den Charakter alter Rosen und lassen sich mit ihnen zu einer harmonischen Pflanzengemeinschaft kombinieren? Das folgende Kapitel soll Ihnen bei der Beantwortung derartiger Fragen behilflich sein. Neben einigen konkreten Anregungen und Pflanzbeispielen finden Sie darin auch allgemeine Hinweise. Ihre eigene Kreativität und Fantasie wird Sie dann zu einem auf Ihren Garten zugeschnittenen »Pflanzkonzept« für alte Rosen bringen.

'Tuscany', eine der schönsten Gallicarosen. Näheres auf S. 69.

ALLGEMEINE HINWEISE

Alte Rosen mit ihren speziellen Wuchs- und Blüheigenschaften sind Rosen von ganz eigenem Charakter. Bevor Sie sich zum Kauf einer bestimmten Art oder Sorte entschließen, sollten Sie sich eingehend über deren Eigenschaften informieren (s. dazu Kapitel »Auswahl und Kauf« und den Sortenteil dieses Buches). Sammeln Sie möglichst viele persönliche Eindrücke über die Merkmale und Verwendungsmöglichkeiten alter Rosen und entwickeln Sie eigene Ideen für die Gestaltung Ihres Gartens.

Alte Rosen haben eines gemeinsam: Aufgrund ihrer einzigartigen Ausdruckskraft sollten sie in einer Gruppe stets die dominierenden Pflanzen sein. Hintergrund- und Begleitpflanzen werden deshalb so ausgewählt, daß sie den Charakter der alten Rosen unterstreichen und sie in ihrer Wirkung hervorheben. Um die Ausstrahlung alter Rosen zu fördern, ist ein sparsamer Umgang mit Begleitpflanzen und ein großzügiger Abstand zwischen alten Rosen und ihren Nachbarpflanzen anzuraten.

Bei der Kombination verschiedener Laub- und Blütenfarben

Rosenbogen am Eingang des Rosariums Uetersen in der Nähe von Hamburg – ein sehr sehenswerter Rosengarten!

in einem Rosenbeet muß man vorsichtig zu Werke gehen. Vermeiden Sie Farbzusammenstellungen, die die zentrale Stellung Ihrer alten Rose beeinträchtigen könnten. So sollten Sie rote und gelbe Laub- oder Blütenfarben in Ihren Rosenpflanzungen zurückhaltend verwenden. Zwischen den verschiedenen Rottönen kann es leicht zu Disharmonien kommen, während die Farbe Gelb häufig sehr stark leuchtet und dadurch vielleicht die Wirkung der Rosen mindert. Als Pflanzen in der Nachbarschaft Ihrer alten Rosen möchte ich Ihnen empfehlen, vornehmlich weiß-, blau- bis lila- und rosablühende Pflanzen zu wählen. Von der Farbe des Laubes her passen meiner Meinung nach kräftige, helle bis dunkle Grüntöne, blaugrüne sowie silbriggraue Farben sehr gut zu alten Rosen. Letztendlich wird natürlich ihr persönlicher Geschmack bei der Gestaltung Ihres Rosenbeetes darüber entscheiden, welche Pflanzen und Farben Sie kombinieren! Als Hintergrundpflanzen eignen sich Koniferen (z. B. Eiben, Hemlockstanne, Wacholder) ebenso wie sommer- und immergrüne Laubbäume und Sträucher (z. B. Birke, Berberitze, Buchsbaum, Felsenbirne, Goldregen, Hartriegel, Ilex, Magnolie, Robinie, Schneeball). Auch höhere Gräser (z. B. Chinaschilf, Pampasgras, Reitgras) lassen sich mit alten Rosen zu harmonischen Pflanzengemeinschaften verbinden.

TIP Sowohl in Deutschland als auch im Ausland gibt es eine ganze Reihe äußerst sehenswerter Rosengärten. Bei einem gemütlichen Spaziergang in einem dieser Schaugärten lassen sich in aller Ruhe persönliche Eindrücke von der Vielfalt alter und moderner Rosen und Anregungen für die eigene Gartengestaltung sammeln. Eine besondes schöne reichhaltige Sammlung alter und neuerer Strauchrosen findet sich im Park Wilhelmshöhe in Kassel – einen Besuch wert ist aber sicherlich auch das Rosarium in Dortmund mit seinen 140 000 Rosen.

ALTE ROSEN ALS STRAUCHROSEN

Da die meisten alten Rosen strauchartig wachsen, werden sie wohl auch am häufigsten als Ziersträucher in den Gärten angepflanzt. In Einzelstellung wie auch in Kombination mit anderen Gewächsen können viele der alten Strauchrosensorten Ihren Garten gewiß bereichern. Bei der Auswahl geeigneter und schöner Sorten soll Ihnen der Sortenteil dieses Buches behilflich sein. Im folgenden möchte ich Ihnen einige konkrete Beispiele für die Einbeziehung alter Rosen als Sträucher in Ihren Garten geben.

ALTE ROSEN IN GEMISCHTEN STRÄUCHERGRUPPEN

Viele der alten Rosen lassen sich sehr gut mit Zier- oder Blütensträuchern sowie mit anderen Rosen zusammenpflanzen. Für derartige Pflanzgemeinschaften sollten Sie Pflanzen auswählen, die, wie die unten angeführten Beispiele, ähnliche Ansprüche an Klima und Boden haben. Denken Sie daran, genügend Platz zwischen den Sträuchern zu lassen, damit diese sich ungehindert entfalten können. Besonders reizvoll ist es meiner Ansicht nach, in einer Gruppe solche Pflanzen zusammenzubringen, die zu verschiedenen Zeitpunkten im Jahr blühen. So hätten Sie dann ein stetig wechselndes Bild verschiedenster Blüten in Ihrem Garten. Beim ersten Pflanzbeispiel (unten) finden Sie eine Zusammenstellung von alten Rosen und anderen Sträuchern vor, deren Blütezeiten sich nicht oder nur wenig überschneiden.

Falls Sie Ihre alten Rosen aber lieber mit Sträuchern kombinieren, die zur gleichen Zeit wie die Rosen blühen, sollten Sie behutsam in der Wahl der Blütenfarben sein! Bei meinem

Beispiel 1: *Zur Blütezeit der Gallicarose 'Tuscany' (1, Blüte: karminrotbraun, Juni) lassen sich noch einige Blüten an der Veredelten Felsenbirne (4,* Amelanchier laevis, *Blüte: weiß, Mai) erkennen, während der Schmetterlingsstrauch (2,* Buddleia davidii *'Empire Blue', Blüte: hellviolett bis blau, Juli–Oktober) schon zaghaft seine ersten Blütenrispen hervorschiebt. Duftschneeball (3,* Viburnum fragrans, *Blüte: weiß–rose, Februar–April) und Schneekirsche (5,* Prunus subhirtella *'Autumnalis', Blüte: weiß bis rosa, Oktober–April) können zu dieser Zeit des Jahres nur mit grünem Laub aufwarten.*

Beispiel 2: *In dieser Anpflanzung von Blütensträuchern ist nur die Lichtmeß-Zaubernuß (4,* Hamamelis mollis, *Blüte: goldgelb, Januar–März) vollkommen ohne Blüten zu sehen. Der Spierstrauch (3,* Spiraea thunbergii, *Blüte: weiß, April–Mai) ist im Abblühen begriffen, die Rosen (1, Centifolie 'Spong', Blüte: rosa–rot, Juni; 2,* Rosa moyesii *(Chinesische Wildrose), Blüte: tiefrot, Juni) stehen in ihrer vollen Blütenpracht und der Hibiskus (5,* Hibiscus syriacus *'Oiseau Blue', Blüte: blau–lila, Juni–September) am Anfang seiner bis in den Herbst andauernden Blühphase.*

zweiten Beispiel führe ich deshalb eine Gruppe von alten Rosen und anderen Blütensträuchern an, deren Blütezeiten sich zum Teil überschneiden.

ALTE ROSEN MIT STAUDEN ODER GRÄSERN

Eine weitere Möglichkeit ist die Anpflanzung alter Rosen zusammen mit Stauden oder Gräsern in einer Beetfläche. Es gibt eine große Anzahl der verschiedenartigsten Stauden und Gräser, die sich sowohl von der Blüten- und Laubfarbe als auch vom Wuchs her sehr gut als Begleitpflanzen für alte Rosen eignen. Viele Gräser mit ihren beruhigend grünen oder grüngrauen Blättern unterstreichen die Wirkung von Rosen in geradezu idealer Weise. Pflanzen Sie Stauden und Gräser in genügendem Abstand zu den Rosen, damit diese nicht zuwuchern und der Boden um sie herum offen bleibt (Bodenpflege, Düngen etc.). Wie bunt und lebhaft Sie ein solches gemischtes Beet gestalten wollen, das hängt natürlich von Ihrem persönlichen Geschmack ab. Lassen Sie Ihrer Phantasie bei der Wahl der Farbkombinationen freien Lauf! Die rechts aufgezählten Stauden und Gräser eignen sich besonders gut als Nachbarpflanzen für Ihre alten Rosen (bei den Gräsern ist die Höhe [in cm] hinter dem Namen angegeben; an erster Stelle steht die Buschhöhe, an zweiter die Blütenhöhe).

ALTE ROSEN ALS HECKENPFLANZEN

Für die Anpflanzung einer dichten Hecke sollten Sie solche alten Rosen verwenden, die undurchdringliche Sträucher oder viele Ausläufer bilden, wie z. B. Alba-, Gallica- oder Pimpinellrosen. Diese Rosen lassen sich auch durch einen fachgerechten Schnitt im Höhenwachstum bändigen.

ALTE ROSEN IN DER NACHBARSCHAFT IHRER SITZECKE

Sie möchten die Umgebung Ihrer Sitzecke im Garten besonders reizvoll gestalten? Für diesen Zweck sind viele alte Rosen

Gräser
Schillergras (*Koeleria glauca*, 15/20), Bärenfellgras (*Festuca scoparia*, 15/20), Segge (*Carex flacca*, 20/30). Lampenputzergras (*Pennisetum compressum*, 40/80), Blaustrahlhafer (*Avena sempervirens*, 50/150), Waldschmiele (*Deschampsia caespitosa*, 30/80). Pampasgras (Cortaderia selloana, 100/200), Chinaschilf (*Miscanthus sinensis* 'Gracillimus', 150).

Stauden
Weiße Blüten: Schleifenblume *(Iberis)*, Prachtspiere *(Astilbe)*, Glockenblume *(Campanula)*, Stockrose *(Althaea)*, Margerite *(Chrysanthemum)*.
Blaue und lila Blüten: Blaukissen *(Aubrieta)*, Enzian *(Gentiana)*, Glockenblume *(Campanula)*, Lavendel *(Lavandula)*, Salbei *(Salvia)*, Frühlings-, Sommer- und Herbstaster *(Aster)*, Rittersporn *(Delphinium)*, Eisenhut *(Aconitum)*.
Rosa Blüten: Prachtspiere *(Astilbe)*, Primeln *(Primula)*, Storchschnabel *(Geranium)*, Schleierkraut *(Gypsophila)*, Frühlings-, Sommer- und Herbstastern *(Aster)*, Stockrose *(Althaea)*.
Gelbe Blüten: Steinkraut *(Alyssum)*, Fingerkraut *(Potentilla)*, Edelgarbe *(Achillea)*, Alant *(Inula)*, Stockrose *(Althaea)*, Sonnenblume *(Helianthus)*.

wie geschaffen, da sie sowohl durch ihren Duft als auch durch ihr ansprechendes Äußeres die Ruhepause auf der Gartenbank zu einem Genuß werden lassen. Schauen Sie in die Tabellen im Übersichtsteil oder auch in den Sortenteil. Dort finden Sie eine reiche Auswahl duftender Sorten, wie z. B. 'Fantin Latour' (Centifolie), 'Rose du Roi' (Portlandrose), 'Gloire de Dijon' (Noisetterose), 'Ferdinand Pichard' (Remontantrose), 'Stanwell Perpetual' (Pimpinellrose) usw. Pflanzen Sie eine oder mehrere dieser Rosen möglichst nah an Ihre Sitzecke heran, damit Sie den Duft und das Farbenspiel der Blüten auch ganz aus der Nähe genießen können!

ALTE ROSEN IM STEINGARTEN

Falls Sie planen, Ihren Steingarten optisch durch alte Rosen aufzulockern, so sollten Sie dazu kleinwüchsige Sorten auswählen. Zierliche Exemplare alter Rosen finden Sie in einigen Rosengruppen, wie z. B. die Chinarose 'Viridiflora', die Portlandrose 'Arthur de Sansal', die Bourbonrose 'Souvenir de la Malmaison', die Pimpinellrose 'William III.' oder auch die Gallicarose 'Officinalis'. Eine solche Rose dürfte zu einem Prachtstück in Ihrem Steingarten werden, wenn Sie für die Unter- oder Nebenpflanzung farblich und auch von der Größe her die passenden Stauden, Gräser oder sonstigen Pflanzen verwenden. Die grünbronzefarben blühende Chinarose 'Viridiflora' paßt gut mit gelb- und weißblühenden Stauden zusammen (Beispiel 3, unten links), während 'Souvenir de la Malmaison' eher blaue und rosa Blütenfarben in ihrer Nähe verträgt (Beispiel 4, unten rechts). Die Auswahl an Stauden, Gräsern etc. ist so groß, daß Sie bestimmt geeignete Nachbarn für Ihre alte Rose finden! Gerade in einem Steingarten können sicherlich auch schöne Natursteine zusammen mit entsprechenden Stauden einen reizvollen Hintergrund bilden.

Beispiel 3 (links): *Die weiße Schleifenblume (3,* Iberis sempervirens *'Weißer Zwerg', Blüte: April–Mai) und das gelbe Steinkraut (2,* Alyssum montanum, *Blüte: Juni–August) machen sich sehr gut in der Nachbarschaft der Chinarose 'Viridiflora' (1, Blüte: Juni–Oktober).*

Beispiel 4 (rechts): *In diesem Pflanzenbeispiel wurde die cremerosa blühende Bourbonrose 'Souvenir de la Malmaison' (1, Blüte: Juni und September) zusammen mit Glockenblumen (2,* Campanula carpatica *'Karl Foerster', Blüte: Juni–August) und rosafarbenem Storchschnabel (3,* Geranium dalmaticum, *Blüte: Juli–August) vor eine Hauswand gepflanzt.*

Die Bourbonrose 'Zigeunerknabe', dieses Mal als ein imposanter Einzelstrauch, der vor dem Hintergrund des grünen Rasens gut zur Geltung kommt.

ALTE ROSEN ALS SOLITÄRE

Vielleicht möchten Sie gern eine weitläufige Rasenfläche oder Hecke Ihres Gartens durch besonders schöne Einzelexemplare (Solitäre) alter Rosen etwas lebhafter gestalten? Derartige Solitärsträucher sollten möglichst wenig zurückgeschnitten werden. Hier genügt es, die Sträucher regelmäßig auszulichten, damit sie ungehindert ihre volle natürliche Schönheit entwickeln können. Wollen Sie nicht nur einen Strauch, sondern gleich eine Gruppe von solchen Rosensträuchern anpflanzen, so können Sie Sorten mit unterschiedlichen Blütenfarben wählen oder auch nur eine Blütenfarbe verwenden. In jedem Fall aber sollten Sie Blütenfarben aussuchen, die sich gut von dem gleichmäßigen, ruhigen Grün des Rasens abheben. Erst dadurch werden Ihre alten Rosen zum wirklichen Blickfang! So erzielen Sie z. B. durch Pflanzung der Bourbonrose 'Zigeunerknabe' mit ihren violettroten Blüten oder auch von *Rosa alba maxima* – ihre Blüten schimmern in einem rahmweißen Ton – sicherlich die gewünschte Wirkung. Noch ein Tip: Vergessen Sie bitte beim Pflanzen der Rosen nicht, daß Sie nicht nur an den Rosen, sondern auch an Rasen oder Hecke Pflegearbeiten vornehmen müssen. Pflanzen Sie die Rosen also so, daß Sie diese Pflegearbeiten ungestört durchführen können!

Falls Sie es etwas extravaganter mögen und auch genügend Platz zur Verfügung haben, so probieren Sie doch einmal aus, die langen Triebe starkwüchsiger Rosen (z. B. Remontantrosen) auf den Boden herunterzubinden. Durch das Festheften am Boden erhöhen Sie die Blühwilligkeit dieser Rosen und erhalten so leuchtende Farbflecke auf Ihrer Rasen- oder Beetfläche.

ALTE ROSEN ALS KLETTERROSEN

Unter den alten Rosen finden sich auch eine ganze Reihe Kletterrosen oder Rosen mit kletterartigem Wuchs. Dazu zählen fast alle Noisetterosen sowie einzelne Sorten aus den übrigen Rosengruppen wie z. B. die Albarose 'Blush Hip', die Bourbonrosen 'Mme. L. de Barny' und 'Zéphirine Drouhin', die Chinarose 'Perle d'Or', die Gallicarose 'Tricolore de Flandre' (etwas kletternd), die Teerose 'Sombreuil'. Einige dieser Sorten sind im Sortenteil dieses Buches näher beschrieben.

Diese Kletterrosen eignen sich hervorragend zur Begrünung von Hauswänden, Lauben, Rankspalieren, Zäunen, Mauern, Rosenbögen usw. Es müssen aber nicht immer feststehende Gerüste oder Wände sein, die Sie mit Kletterrosen schmücken. Sie können auch ein paar Drähte oder Seile über Ihren Hof oder von der Laube aus in den danebenstehenden Baum oder von dem Pflanzkübel auf ihrem Balkon zum darüberliegenden Balkongitter spannen. Helfen Sie den Kletterrosen, sich mit Laub und Blüten auszubreiten und Brücken zu schlagen! Auch größere Laubbäume, Koniferen und Sträucher, die zur Zeit der Rosenblüte nur ihr Laub- oder Nadelwerk tragen, bieten eine schöne Kulisse für den Blütenregen kletternder alter Rosen. Pflanzen Sie diese so nah an die Bäume oder Sträucher heran, daß die langen Rosentriebe in den Ästen Halt finden. Übrigens kann selbst ein alter, vergessener Baumstumpf oder ein abgestorbener Baum durch eine Kletterrose, die an ihm emporrankt, wieder seine Funktion finden und zum Schmuckstück des Gartens werden. Auch in kahlen Hinterhöfen können Sie durch eine üppige Kletterrose für ein bißchen Abwechslung und Leben sorgen.

Bei der Entscheidung, welche Kletterrose Sie an welchen Ort pflanzen, sollten Sie darauf achten, daß die Farbe des Hintergrundes und die Blütenfarbe der Rose zumindest einen leichten Kontrast bilden. Dies wird am Beispiel der 'Gloire de Dijon' (rechts) deutlich.

Nicht nur die Farbe des Hintergrundes sondern auch die Art des Klettergerüstes spielt eine wichtige Rolle bei der Anpflanzung von Kletterrosen. In der Regel sind Gerüste mit dünnen, zierlichen Latten und Stangen eher für Kletterrosen geeignet. Sie unterstreichen den lockeren Aufbau kletternder alter Rosen besser als z. B. dicke Holzbalken (s. auch Beispiel 5, S. 56). Letztendlich aber ist das eine Frage des persönlichen Geschmacks.

Analog zu den Strauchrosen lassen sich auch Kletterrosen sehr schön untereinander sowie mit einer Reihe anderer

TIP Sie sind noch auf der Suche nach einer geeigneten alten Kletter- oder Strauchrose für Ihren Garten? Dann kann ich Ihnen nur raten, in einen Katalog einer Rosenbaumschule zu schauen und sich in aller Ruhe für eine schöne Sorte mit den von Ihnen gewünschten Eigenschaften zu entscheiden. Empfehlenswert sind die Kataloge der Rosenkultivateure Jensen (Flensburg) und Huber (Dottikon, Schweiz). In ihren Katalogen finden Sie u. a. sehr viele Beschreibungen alter Rosensorten, dazu zahlreiche Farbfotos und außerdem manchen praktischen Ratschlag.

'Gloire de Dijon' umrahmt hier als wohlriechende Kletterrose einen Hauseingang. Der Kontrast zwischen Hauswand und Blütenfarbe ist zwar nicht sehr ausgeprägt, durch die Mitwirkung des grünen Laubes genügt er in diesem Fall aber, um die Blüten der 'Gloire de Dijon' deutlich von der Hauswand abzuheben.

Gewächse kombinieren. Besonders gut zu kletternden Rosen passen die ebenfalls kletternden *Clematis*-Arten und -Sorten (Waldrebe). Von ihnen gibt es eine solche Vielzahl – ganz unterschiedlich in Blühzeitpunkten, Farbe, Form von Laub und Blüten –, daß Sie mit Sicherheit eine *Clematis*-Art oder -Sorte finden werden, die zu Ihrer alten Rose paßt. Außer den zahlreichen *Clematis* existieren viele weitere Kletterpflanzen, die Sie reizvoll mit kletternden alten Rosen in Ihrem Garten kombinieren können. Dabei handelt es sich um Pflanzen wie Efeu *(Hedera)*, Pfeifenwinde *(Aristolochia)* und Wilden Wein *(Parthenocissus)*, die hauptsächlich durch ihr Laub dekorativ wirken sowie um weitere Blütenpflanzen, wie z. B. Heckenkirschen *(Lonicera)*, Glyzine *(Wisteria)*, Trompetenblume *(Campsis)*, Winterjasmin *(Jasminum nudiflorum)*, Kletter-Zierbrombeere *(Rubus henryi)* etc. In dieser Aufzählung dürfen natürlich auch Kletterrosen aus anderen Rosengruppen (Wild- und moderne Rosen) nicht fehlen, die sich zum Teil sehr gut mit alten Kletterrosen zusammenpflanzen lassen.

Beispiel 5: *Wie gut man in diesem Fall die Kletterrose 'Gloire de Dijon' (1, Noisetterose, Blüte: Juni–September) mit Stauden und Gräsern kombinieren kann, läßt sich von der obigen Zeichnung ablesen. Das kräftige Blau des Rittersporns (2,* Delphinium cultorum *'Sommernachtstraum', Blüte: Juni–Juli), das Rosa der Prachtspiere (3,* Astilbe japonica *'Mainz', Blüte: Juni–Juli) und das eher zurückhaltende Grün–Braun des Lampenputzergrases (4,* Pennisetum japonicum, *Blüte: mit hellen Spitzen, August–Oktober) passen sich sehr harmonisch dem blassen Aprikot-Ton der Rose an.*

Eine oder mehrere dieser aufgelisteten Pflanzen in Kombination mit alten Kletterrosen dürften Ihre Pergola, Ihre Hauswand, eine Mauer oder auch einen Gartenzaun in ein einzigartiges Laub- und Blütenmeer verwandeln.
Auch Stauden und Gräser können geeignete Nachbarn für Kletterrosen sein, wie das Beispiel 5 zeigt (oben). Daneben vertragen Kletterrosen auch die Nachbarschaft von Laubgehölzen oder immergrünen Sträuchern und Bäumen sehr gut (z. B. *Nothofagus antarctica* (Scheinbuche), *Syringa chinensis* (Chinesischer Flieder), *Cotinus coggygria* 'Royal Purple' (Rotblättriger Perückenstrauch), *Taxus baccata* 'Repandens' (Tafeleibe), *Ilex crenata* 'Convexa' (Japanische Stechpalme), *Viburnum rhytidophyllum* (Immergrüner Schneeball), *Tsuga canadensis* (Hemlockstanne).
Da die meisten »alten« Kletterrosen zur Klasse der frostempfindlichen Noisetterosen gehören, ist es in kühleren Klimagebieten ratsam, sie in transportable Kübel zu pflanzen, die sich bei Frost in einen kühlen, frostfreien Raum stellen lassen. Die Verwendung von Kletterrosen in Pflanzkübeln eröffnet ganz neue Perspektiven: in einen Kübel gepflanzt, läßt sich eine Noisetterose z. B. sehr gut zur Begrünung Ihres Balkons verwenden. Alte Rosen in Pflanzgefäßen sind mobile Pflanzen, mit denen Sie Ihren Garten variabel gestalten können!
Eine weitere erwähnenswerte Verwendungsmöglichkeit von Kletterrosen sowie Strauchrosen mit starkem, kletterartigem Wuchs besteht darin, daß Sie sie an dreiseitige Lattenpyramiden oder ähnliche Gerüste pflanzen. Diese werden dann von dem Laub- und Blütenwerk der Rosen überwuchert. Viele alte Rosen (Bourbon-, Moos- und Remontantrosen, Centifolien) lassen sich auf diese Weise gut verwenden, um ein üppig wachsendes, auffällig geformtes Blütenmeer zu erzeugen.

ALTE ROSEN ALS STAMMROSEN

Stammrosen sind Rosen, bei denen Knospen von Bodendekker-, Beet- oder Kletterrosen in bestimmter Höhe auf einen Rosenstamm veredelt wurden. Man unterscheidet dabei verschiedene Varianten nach ihrer Höhe: Fußstämme (Stammhöhe 30 cm), Halbstämme (Stammhöhe 40–60 cm), Hochstämme (Stammhöhe 90 cm) und Trauerstämme (Stammhöhe 140 cm). Alte Rosen wird man – wenn überhaupt – wohl von den Halbstämmen an aufwärts als Stammrosen antreffen (rechts). Ähnlich auffällig wie die abgebildete 'Rose de Resht' dürfte auch eine Trauerrose sein, die z. B. in einer Ecke der Gartenhecke steht und mit ihrem Blütenregen für einen Farbakzent sorgt.

Stammrosen lassen sich gut mit Zwerggehölzen, niedrigen Stauden und Gräsern kombinieren. Auch höhere, Ruhe ausstrahlende Pflanzenkulissen vertragen sich ausgezeichnet mit Stammrosen. So sieht z. B. die 'Rose de Resht' (rechts) vor dem Hintergrund einer Ligusterhecke ebenso schön aus wie in Kombination mit Stauden; dies zeigt etwa mein sechstes Beispiel, das diese Rosensorte mit blauem Storchschnabel und weißen Schleifenblumen kombiniert (unten).

Übrigens: Falls Sie bei Ihrem Lieferanten alter Rosen keine Stammrose der gewünschten Sorte oder Größe im Katalog finden, so fragen Sie ihn doch, ob er nicht eine für Sie anfertigt. Sicherlich werden Sie dafür etwas tiefer in die Tasche greifen müssen, aber ich denke, daß es sich lohnt, für eine originelle Bereicherung Ihres Gartens, die mit Sicherheit einige Resonanz finden wird, auch ein bißchen mehr Geld auszugeben.

Dieses Foto zeigt Ihnen am Beispiel der herbstblühenden Damaszenerrose 'Rose de Resht' eine Hochstammrose – eine solche Rose wäre sicherlich auch an einem exponierten Standplatz Ihres Gartens ein außergewöhnlicher Blickfang!

Beispiel 6: *Diese Zeichnung zeigt Ihnen eine 'Rose de Resht' (1, Damaszenerrose, Blüte: Juni–September) als Stammrose mit einer Unterpflanzung mit blauem Storchschnabel (3,* Geranium himalayense, *Blüte: April–Juni) und weißer Schleifenblume (2,* Iberis sempervirens *'Weißer Zwerg', Blüte: April–Mai). Der Blick aus der Vogelperspektive läßt das Farbenspiel der verschiedenartigen Blüten besonders schön zur Geltung kommen.*

DIE 50 SCHÖNSTEN ALTEN ROSEN

Dieses Kapitel wird Sie mit 50 der schönsten und interessantesten alten Rosensorten in Wort und Bild bekanntmachen. Außer über die wichtigsten Merkmale dieser Sorten (Wuchs- und Blüheigenschaften etc.) erfahren Sie dabei noch einiges über ihre Entstehung. Sie werden merken, daß jede dieser 50 Rosensorten eine Persönlichkeit für sich ist mit eigener Herkunft und Geschichte und mit bestimmten Charakteristika, die eben nur sie aufweist.

Die Bourbonrose 'Zigeunerknabe' mit ihren schönen karmesinroten, duftenden Blüten.

ALBAROSEN

ROSA ALBA MAXIMA

Die *Rosa alba maxima* ist eine der traditionsreichsten Rosenarten: sie wurde bereits bei den Römern angepflanzt und findet auch in den frühesten europäischen Kräuterbüchern Erwähnung. Damals wie heute erfreut sie sich großer Beliebtheit und gehört zu den meistangepflanzten alten Rosen. Viele Künstler der Renaissance stellten sie auf ihren Gemälden dar, so z. B. Botticelli auf seinem Bild »Geburt der Venus«. Wie viele alte Rosen, hat auch die *Rosa alba maxima* noch weitere Namen, nämlich »Great White Rose«, »Great Double White« und »Jakobiterrose«. Den Namen »Jakobiterrose« hat sie erhalten, da sie von den Jakobiten – den Anhängern des 1688 vertriebenen Stuartkönigs Jakob II. – als Symbol gewählt worden war. Die Eigenschaften der *Rosa alba maxima*: Sie bildet in der Regel kräftige und aufrechtwachsende Sträucher, die mit Leichtigkeit 2,5 m hoch und genauso breit werden können. Die Triebe dieser Rose sind mit großen Stacheln besetzt, ihr Laub ist gräulich gefärbt und ziemlich rauh. Die leicht herb duftenden, großen Blüten sind flach und unregelmäßig locker gefüllt. Zu Beginn der Blüte werden sie häufig von einem Hauch Rosa überzogen, der dann dem rahmweißen Hauptton der Blüten weicht. Wie alle Albarosen blüht auch die *Rosa alba maxima* nur einmal im Jahr, und zwar bereits früh im Juni. Im Anschluß an die Blütezeit werden ihre Sträucher dann schon bald von leuchtendroten Hagebutten geschmückt.

'GREAT MAIDEN'S BLUSH'

'Great Maiden's Blush' ist eine Sorte, die die Phantasie der Rosenfreunde stark angeregt haben muß, denn man hat ihr im Laufe der Jahrhunderte eine ganze Reihe von Namen verliehen, die auf die Bewunderung für diese Rose schließen lassen: 'Cuisse de Nymphe émue', 'La Séduisante', 'La Virginale', 'La Royale', 'Incarnata', 'Rosier Blanc Toyal'. Tatsächlich handelt es sich bei der 'Great Maiden's Blush' um eine bezaubernde Rose, die besonders zart rosafarben blüht und je nach Lichteinfall auch schon einmal ihre rosa Tönung gänzlich unterschlägt und nur noch in cremeweißem Farbton schimmert. Ebenso hervorzuheben ist der liebliche, süße Duft ihrer prallgefüllten Blüten (ca. 7–9 cm ∅), deren Blütezeit im späten Juni beginnt. Mit ihren starkwachsenden und oftmals überhängenden graugrünbelaubten Trieben bildet 'Great Maiden's Blush' Sträucher von bis zu 2 m Höhe und ca. 1–1,2 m Breite. Auch diese Albarose hat wie die *Rosa alba maxima* für eine ganze Reihe von Malern Modell gestanden, so z. B. für die »Madonna dell' Umiltà« von Filippo Lippi (um 1430). Entstanden ist 'Great Maiden's Blush' wahrscheinlich ohne menschliches Zutun zu einem unbekannten Zeitpunkt.

'KÖNIGIN VON DÄNEMARK'

Diese Albarose wurde 1816 von James Booth, dem Besitzer einer bedeutenden Sortimentsbaumschule in Hamburg, als neue Sorte herausgebracht, erhielt aber erst im Jahre 1826 ihren Namen. In der Literatur wird sie vielfach als die schönste der Albarosen bezeichnet – ein Urteil das verständlich wird, wenn man sie sich genauer anschaut: Die 'Königin von Dänemark', für die auch die beiden anderen vielsagenden Namen 'Belle Courtisane' und 'Naissance de Venus' gefunden wurden, ist eine kräftigwachsende Rose, die offene Sträucher von etwa 1,5 m bis 2 m Höhe bei ca. 1,2 m Breite formt. Ihre gesunden, bläulichgrünen Laubblätter sind von graziler Form und unterstreichen die majestätische Gesamtwirkung dieser Rose. Doch das Schönste an ihr sind natürlich die Blüten. Sie öffnen sich in einem dunklen Rosaton und gehen dann in das für sie typische zarte Porzellanrosa über – lediglich in der Blütenmitte bleibt ein dunkelrosa Augenfleck zurück. Die Blüten (ca. 5 cm ∅) sind dicht gefüllt, gevierteilt und verbreiten einen herrlichen, süßlichen Duft. Auch die 'Königin von Dänemark' blüht nur einmal im Jahr, und zwar in der Zeit von Juni/Juli. Sie gilt wie die meisten Albarosen als frosthart.

Bourbonrosen

'BOULE DE NEIGE'

Diese Bourbonrose ist im Jahre 1867, also im Jahr der Entstehung der ersten Edelrose, von dem Züchter Lacharme herausgebracht worden. Ihr Name – zu deutsch »Schneekugel« – läßt nur zu deutlich auf ihr Äußeres schließen: es handelt sich bei 'Boule de Neige' um eine Rose mit kugelig geformten weißen Blüten (ca. 5 cm ∅). Die harten, runden Blütenknospen werden häufig von einem blutroten Farbton überzogen. Dieser Farbton läßt sich später in den Blüten noch in dem mitunter rosagetönten äußeren Blütenrand wiederfinden. Wie für die meisten Bourbonrosen typisch, verfügt auch 'Boule de Neige' über starkgefüllte, wohlduftende Blüten. Diese stehen in kleinen Büscheln zusammen und zieren die Sträucher von Juni bis in den Oktober hinein. Zarte Triebe mit kräftigem, dunkelgrünem Laub sind ein weiteres Kennzeichen von 'Boule de Neige'. Diese Triebe wachsen aufrecht und gruppieren sich zu kompakten Sträuchern, die bei einer Breite von ca. 1–1,2 m höchstens 2 m hoch werden. In der Regel ist es unumgänglich, die Rose im Winter vor Frost und Sonneneinstrahlung zu schützen!

'LA REINE VICTORIA'

Dieses Prachtstück unter den Bourbonrosen wurde 1872 von dem Züchter J. Schwartz herausgebracht. Im Jahre 1878 ging aus ihr durch eine Knospenmutation die Sorte 'Mme. Pierre Oger' hervor. Diese neugeschaffene Sorte wurde sehr viel berühmter als ihre »Mutter«, obwohl diese mindestens genauso attraktiv ist wie die »Tochter«. 'La Reine Victoria' ist eine überaus charmante Rose, die vor allem durch ihre kugelig geformten Blüten besticht. Unzählige seidigschimmernde Blütenblätter in den verschiedensten Abstufungen von Hell- bis Dunkelrosa drängen sich in diesen Blüten (ca. 5 cm ∅), die ihre Kugelform während der gesamten Blütezeit nicht verlieren. Von Juni bis Oktober blüht 'Reine Victoria', wobei ihre duftenden Blüten aufrecht an den schlanken Trieben sitzen und zu dem hellgrunen Laub der Sträucher einen wunderschönen Kontrast bilden. Aufgrund ihres schlanken Wuchses (Höhe 1–1,5 m, Breite 1–1,2 m) eignen sich die Sträucher von 'La Reine Victoria' besonders gut für kleinere Gärten oder Beete und zur Bekleidung von Säulen oder Stützen.

'VARIEGATA DI BOLOGNA'

'Variegata di Bologna' könnte man fast schon als Neuling unter den alten Rosen bezeichnen, da sie erst im Jahre 1909 entstanden ist. Ihre Züchtung ist dem Italiener Massimiliano Lodi gelungen, der diese Rose für die Bonfiglioli-Gärtnerei in Bologna gezogen hat – ein echter Volltreffer! Das Besondere an den gestreiften Blüten von 'Variegata di Bologna' ist der starke Kontrast zwischen dem weißen Untergrund und den violettroten Streifen und Flecken, die sich unregelmäßig über die zahlreichen Blütenblätter verteilen. Hin und wieder kommt es auch zur Bildung vollkommen purpurfarbener Einzelblüten. Die gevierteilten Blüten haben eine kugelige Form, duften süßlich und stehen einzeln oder in kleinen Gruppen an den aufrechtwachsenden Trieben. Dem ersten, zumeist sehr reichen Flor dieser Rose folgt im Herbst ein Nachflor, der auch schon einmal etwas dürftiger ausfallen kann. Die Sträucher von 'Variegata di Bologna' wachsen bis zu einer Höhe von 1,5–2 m heran und erreichen eine ähnliche Breite. Ihre Triebe werden von zierlichem, mattem, hellgrüngefärbtem Laub geschmückt. Nicht nur als Einzelstrauch, sondern auch in einer Sträuchergruppe ist diese Rose eine Augenweide.

'ZÉPHIRINE DROUHIN'

Diese 1868 entstandene Bourbonrose verfügt über ein sehr gärtnerfreundliches Merkmal, denn sie ist vollkommen stachellos – dahe auch ihr Zweitname »Stachellose Rose«. Doch nicht nur durch diese Eigenschaft hat sie sich zu einer der beliebtesten Bourbonrosen entwickelt. Sicherlich leisten ihre ausgeprägt duftenden, großen Blüten (ca. 8 cm ∅) mit dem leuchtenden karminrosa bis hellroten Farbton einen beträchtlichen Beitrag dazu. Die flachen, halbgefüllten Blüten sind weitgehend regenfest und heben sich durch ihre kräftige Farbe stark von dem sattgrünen, schönen Blattwerk der Pflanzen ab. Wenn das Laub noch jung ist, wird es von einem bronzefarbenen Hauch überzogen. 'Zéphirine Drouhin' gehört zu den öfter- und reichblühenden Rosen, die eine geschützte Lage bevorzugen. Da sie etwas anfällig für Mehltau ist, sollte sie allerdings nicht an heißen und trockenen Standorten stehen. Aufgrund ihres kräftigen, schlingenden Wuchses kann 'Zéphirine Drouhin' gut als Kletterrose verwendet werden und dabei Höhen von 3–4 m erreichen. Durch einen entsprechenden Schnitt läßt sie sich aber auch niedriger halten und wächst dann zu einem schönen, dichten Strauch heran.

'ZIGEUNERKNABE'

Die letzte der hier vorgestellten Bourbonrosen ist im Jahre 1909 von dem deutschen Züchter Peter Lambert herausgebracht worden. Der 'Zigeunerknabe', auch 'Gipsy Boy' genannt, ist eine Rose, die ein bißchen den typischen Bourbonrosen-Charme vermissen läßt. Als Ausgleich dafür besticht sie durch ihre von Blüten regelrecht übersäten Sträucher, die im Sommer ein aufsehenerregendes, farbenfrohes Schauspiel bieten. Die violettroten, gefüllten Blüten mit ihren goldgelben Staubfäden und dem feinen Duft bedecken die Zweige auf der ganzen Länge. Durch den leicht überhängenden kräftigen Wuchs des 'Zigeunerknaben' entstehen somit kompakte Sträucher, die bei entsprechendem Hintergrund auffällige Farbtupfer bilden. Nach einem langanhaltenden ersten Blütenflor im Juni/Juli und einem bisweilen eintretenden Nachflor sind die Sträucher im Herbst von leuchtendroten Hagebutten geschmückt. Die Sträucher von 'Zigeunerknabe' werden 1,5 – m hoch und genauso breit, sie sind sehr bestachelt und weitgehend frosthart. Durch die sehr starke Bewehrung ihrer Triebe fällt es dieser Sorte nicht allzu schwer, auch schon einmal Halt in anderen Sträuchern oder an Klettergerüsten zu finden.

CENTIFOLIEN

'FANTIN LATOUR'

Der Name dieser Rose geht auf den französischen Maler Henri Fantin-Latour (1836–1904) zurück, zu dessen Werk auch viele Darstellungen von Rosen gehören. Die Abstammung von 'Fantin Latour' ist unbekannt; man weiß lediglich, daß sie im 18. Jahrhundert in Frankreich entstanden sein muß. Vom Habitus her gehört sie zu den kompakten Centifolien. Sie wächst zu Sträuchern heran, die bis 2 m hoch und breit werden, wobei sich ihre Triebe leicht, fast majestätisch herabneigen. Ihre dichtgefüllten Blüten sind von zartrosa Farbe mit einer dunkleren Blütenmitte und erinnern an die Blüten von Pfingstrosen. Zu Beginn der Blüte ist ihre Form becherartig, später rollen sich die äußeren Blütenblätter nach außen – zu diesem Zeitpunkt ist die Schönheit der Blüten unübertroffen! 'Fantin Latour' ist eine einmal, aber sehr reich blühende Rose mit einem leicht herben, vorzüglichen Duft. Doch nicht nur die Blüten von 'Fantin Latour' sind der Erwähnung wert – auch ihr dunkelgrünes, recht breites Laub trägt durch seinen Kontrast zum Muschelrosa der Blüten zur unbestrittenen Schönheit dieser Rose bei!

'ROBERT LE DIABLE'

Sowohl Herkunft als auch Alter dieser wunderbaren Centifolie sind noch ungeklärt. Aufgrund der kräftigen Blütenfarbe und ihres Habitus vermutet man aber, daß an ihrer Entstehung eine Gallicarose beteiligt war. 'Robert le Diable' ist eine einmalblühende Rose – sie blüht spät, aber lang –, deren Blüten sich nur bei warmem, trockenem Wetter zu voller Farbenfreude entwickeln. Dann leuchten sie abwechselnd in Violett- und Purpurtönen mit kirschroten, pinkfarbenen und schiefergrauen Streifen und Flecken. Bei regnerischem Wetter hingegen blühen sie gar nicht oder nur in blasseren Farbtönen. Die starkgefüllten, duftenden Blüten von 'Robert le Diable' sind mittelgroß (7 cm ∅), ihre äußeren Blütenblätter sind zurückgeschlagen, die mittleren aber stehen aufrecht. Die Sträucher, die nur bis 1 m groß werden, haben dunkelgrünes, schmales Laub und können mit ihren schwachen, oft niederliegenden Trieben schon einmal ein wenig undiszipliniert wirken. Man tut gut daran, ihre Triebe zu stützen, damit sich die ganze Blütenpracht nicht nur auf dem Boden befindet. Ein guter Standort für 'Robert le Diable' ist z. B. eine Mauer, an die sie sich anlehnen oder über die sie ihre weichen Triebe ausbreiten kann.

'ROSE DES PEINTRES'

Die Fachleute streiten sich noch heute, ob es sich bei dieser Rose um eine echte Sorte handelt oder um die Art *Rosa centifolia*. Vielleicht ist sie ja auch durch Mutation direkt aus der *Rosa centifolia* hervorgegangen? In jedem Fall aber steht fest, daß sie vor dem 18. Jahrhundert entstanden sein muß, da sie auf vielen Gemälden niederländischer Maler des 18. Jahrhunderts abgebildet ist. Nicht ganz zu Unrecht trägt die 'Rose des Peintres' auch noch den Namen »Kohlrose« oder »Cabbage Rose«, da sich ihre unzähligen Blütenblätter wie die Blätter eines Kohlkopfes ineinanderlegen. Das feine blasse Silberrosa der runden, leicht nikkenden Blüten bildet zusammen mit dem dunkel gefärbten und tiefgezähnten Laub eine perfekte Einheit. Der überhängende, lokkere Wuchs dieser Centifolie verleiht den Sträuchern einen etwas verträumten, romantischen Charakter. Dieser Eindruck wird durch den leichten Wildrosenduft der einzeln oder in Büscheln stehenden, einmalblühenden Blüten auf vollkommene Weise unterstrichen. Die Sträucher von 'Rose des Peintres' wachsen bis zu einer Höhe von 2 m heran und bilden kräftige Triebe mit einer Vielzahl unterschiedlich großer und verschiedenartig geformter Stacheln.

'SPONG'

Diese Centifolie ist im Jahre 1805 in den Handel gebracht worden – vermutlich von einem Gärtner namens Spong, der sie als erster in größerer Menge vermehrt und zum Kauf angeboten haben soll. Ihre Herkunft ist allerdings unbekannt. Die 'Spong' ist eine recht kleinwüchsige Centifolie, nur selten erreicht sie Höhen von über 1 m. Die zierlichen Sträucher wachsen aufrecht, sind reich verzweigt und rundlich geformt. Auch die Blätter haben eine abgerundete Form und sind am Rand tief gezähnt. Wie es sich für eine Centifolie gehört, sind die Blüten der 'Spong' sehr dicht gefüllt und zwar mit vergleichsweise recht stark gekräuselten Blütenblättern – eine nette Spielart unter den Centifolien. Die Farbe der Blüten ist ein reines Rosa, in der Blütenmitte deutlich kräftiger als am Rand. 'Spong' zählt zu den einmalblühenden Rosen. Als Ausgleich dafür erfreut sie uns aber so früh mit einem sehr üppigen Blütenflor, daß sie schon fast verblüht ist, wenn die übrigen Centifolien gerade erst zu blühen beginnen. Leider trennt sich die Sorte 'Spong' nach der Blüte nur ungern von ihrem verblaßten Blütenschmuck – eine weniger schöne, aber auch nur recht selten anzutreffende Eigenart einiger älterer Rosensorten.

'TOUR DE MALAKOFF'

'Tour de Malakoff' – im Jahre 1856 von Soupert & Notting herausgebracht – gehört zu den wüchsigsten Centifolien. Auf nahrhaften Böden erreicht sie mit Leichtigkeit Höhen von bis zu 2 m bei mindestens 1,5 m Breite. Da die mit kleinen Laubblättern besetzten Triebe dieser Rose recht schwer werden und bogig abstehen, sollte 'Tour de Malakoff' angebunden werden oder eine anderweitige Stütze erhalten (z. B. eine Mauer). Es empfiehlt sich, diese Rose immer auf guten Boden zu pflanzen, da sie nur dort zu ihrer vollen Schönheit heranwachsen und das Farbenspiel ihrer einmal im Jahr so zahlreich erscheinenden Blüten uneingeschränkt entwickeln kann. Die großen Blüten (ca. 10 cm ∅) sind anfangs lebhaft magentafarben und werden später zunehmend mit violetten Farbtönen in den verschiedensten Abstufungen überzogen. Dabei ist der Blütenrand heller schattiert, während in der Blütenmitte stets ein grüner Punkt erhalten bleibt. Vor dem Abfallen der Blüten kommt es mitunter noch einmal zu einer violettgrauen Verfärbung der Blütenblätter – ein imposantes Farbenspiel! Durch ihre lockere, duftende Füllung erinnern die Blüten von 'Tour de Malakoff' an Pfingstrosen.

CHINAROSEN

'MUTABILIS'

Diese Chinarose befindet sich seit 1932 in Gartenkultur, ist aber sicherlich schon früher entstanden. Vermutlich ist sie dieselbe Rose, die schon Redouté (1759–1840) als 'Tipo ideale' gemalt hat. Der Name 'Mutabilis' deutet auf eine der hervorstechendsten Merkmale dieser Rose hin, nämlich auf ihre Eigenart, die Blütenfarbe zu ändern. Während die einfachen, schalenförmigen Blüten (ca. 6 cm ∅) beim Aufgehen fleischfarben schimmern, sind sie meist schon am zweiten Tag kupfrigrosa und wechseln dann zu einem hell- bis dunkelkarminroten Farbton. Da sich an einem Strauch immer Blüten in den verschiedensten Blühphasen befinden, sind die Sträucher lebhaft und abwechslungsreich gefärbt. Als weitere Farbeffekte dieser Rose kommen die purpurroten jungen Triebe, die roten Stacheln und das im Austrieb kupferfarbene Laub hinzu. Die Blütezeit von 'Mutabilis' erstreckt sich über den gesamten Sommer. Die Sträucher sind recht schlank (ca. 1 m), locker im Aufbau und werden 1–1,5 m hoch. An sonnigen Wänden, ihrem Lieblingsstandort, kann 'Mutabilis' auch schon einmal 2 m Höhe erreichen.

'OLD BLUSH'

Diese Chinarose ist eine der Sorten, die in der Entwicklungsgeschichte der Rosen eine bedeutende Rolle gespielt haben. Denn 'Old Blush', die u.a. auch 'Parson's Pink China' oder 'Old Pink Monthly' genannt wird, war direkt als ein Elternteil an der Entstehung der Bourbon- und Noisetterosen beteiligt. Sie selbst wurde am Ende des 18. Jahrhunderts, vermutlich im Jahre 1793, nach Europa eingeführt. In ihrer Heimat China hingegen wird sie von alters her als Gartenrose angepflanzt. 'Old Blush' ist eine starkwüchsige Rose, die buschige Sträucher mit einer Breite von ca. 1 m formt. Die Angaben über ihre Wuchshöhe schwanken bei verschiedenen Autoren zwischen 0,6 und 2 m – man muß davon ausgehen, daß diese stark variierenden Größenangaben eine Auswirkung unterschiedlich geeigneter Standorte sind. Die halbgefüllten, rundlichen, mittelgroßen und nur schwach duftenden Blüten der 'Old Blush' sind von sanfter rosa Farbe und bilden in den meisten Fällen große Blütenbüschel. Wenn diese Rose in voller Blüte steht, ist sie ein wahres Prachtstück – auch wenn man doch zugeben muß, daß es ihr möglicherweise ein wenig an der Stattlichkeit fehlt, die andere Strauchrosen entwickeln.

'PERLE D'OR'

Diese Rose ist eine der wenigen gelblichblühenden alten Rosen. Im Jahr 1883 wurde sie von Dubreuil oder Rambaud gezüchtet, sie stammt vermutlich von *Rosa multiflora* und der Teerose 'Mme. Falcot' ab. Das Ergebnis dieser Kreuzung ist eine in der Knospe orangefarbene Rose, deren Blütenfarbe allmählich in aprikosen- und zart lachsfarbene Töne übergeht und im Verblühen nur noch einen crèmefarbenen Schimmer hat. Die perfekt geformten Knospen und Blüten von 'Perle d'Or' erinnern an die Blüten von Edelrosen, was auf den Einfluß der Teerose 'Mme. Falcot' zurückzuführen sein dürfte. Wie für die meisten Chinarosen üblich, blüht auch diese Sorte mehrmals im Jahr, wobei sich ihre starkduftenden Blüten zumeist in dichten Dolden drängen. 'Perle d'Or' ist von kräftigem, eher gedrungenem Wuchs und bildet buschige Pflanzen von ca. 1 m Höhe, in günstigen Lagen klettert sie sogar schon mal 2,5–3 m hoch über unsere Köpfe hinaus.

'VIRIDIFLORA'

Rosa chinensis 'Viridiflora', auch »Grüne Rose« genannt, ist die wohl ungewöhnlichste Rose, die im Rahmen dieses Buches vorgestellt wird. Bei ihr ist die gesamte Blüte in eine Schar unregelmäßig geformter grüner Blätter verwandelt, deren Rand gezähnt ist und die mitunter von einem bronzefarbenen Hauch überzogen werden. Die Staubbeutel und Narben sind zu vielen kleinen, grünen Blättchen umgewandelt, die sich in der Blütenmitte dicht zusammendrängen. Die gefüllten, mittelgroßen Blüten (ca. 5 cm ∅) stehen häufig in Büscheln, manchmal aber auch einzeln, und verbreiten einen leichten, würzigen Duft. Ungewöhnlich ist sicherlich auch, daß 'Viridiflora' eine dauerblühende Rose ist, deren Blütenflor schon früh einsetzt und bis in den späten Herbst hinein anhält. Mit ihren grünbraunlichen, fast stachellosen und mit kleinen, hellgrünen Laubblättern ausgestatteten Trieben formt sie sehr schöne, buschige Sträucher, die zwischen 0,6 und 1 m Höhe erreichen. Obwohl man diese Rose nicht gerade als eine imposante Schönheit bezeichnen kann, so hat sie doch durch ihre ausgesprochen ungewöhnliche Blütenfarbe eine ganz spezielle Anziehungskraft, der so mancher Rosenliebhaber nicht widerstehen kann.

DAMASZENER-ROSEN

'CELSIANA'

Die Sorte 'Celsiana' soll bereits vor 1750 in Holland in Kultur gewesen sein. Zu Beginn des 19. Jahrhunderts wurde sie dann nach Frankreich eingeführt und unter anderem auch in dem berühmten Rosengarten der Kaiserin Josephine in Malmaison angepflanzt. Bei 'Celsiana' handelt es sich um eine starkwüchsige Damaszenerrose, die 1–2 m hohe Sträucher von aufrechtem, anmutigem Wuchs formt. Ihre glatten, hellgrünen bis gräulichen Blätter bilden einen idealen Hintergrund für die lieblichen, lockergefüllten Blüten mit ihren schwachgekräuselten Blütenblättern. Diese schimmern in einem zarten, seidigen, nahezu durchsichtigen Rosaton und werden durch die leuchtend goldgelben Staubgefäße in der Blütenmitte in bezaubernder Weise bereichert. Die Blüten der 'Celsiana' stehen in der Regel in Büscheln zu dritt oder viert zusammen, sie duften herrlich und lassen auch beim Verblühen den für sie typischen Charme nicht vermissen. Die 'Celsiana' gehört zu den sommerblühenden Damaszenerrosen und blüht nur einmal im Hochsommer.

'MME. HARDY'

'Mme. Hardy' wurde von M. Eugène Hardy, dem Kurator des Jardin du Luxembourg in Paris, im Jahre 1832 gezüchtet und nach seiner Frau benannt. Noch heute gilt sie als eine der schönsten weißblütigen alten Rosen. Aus den Blütenknospen schieben sich nur ganz gemächlich die anfangs rötlich angehauchten Blüten hervor. Erst wenn die zahlreichen zu Büscheln gruppierten Blüten voll geöffnet sind, entfaltet sich die vollständige Schönheit der 'Mme. Hardy': ihre perfekt geformten, großen Schalenblüten (ca. 10 cm ∅) mit den unzähligen porzellanweißen und manchmal zartrosa überzogenen Blütenblättern, von denen die inneren eingerollt sind, während sich die äußeren nach außen biegen. In der Mitte dieser leicht geviertteilten Blüte sitzt ein kleiner, grünlicher Punkt, der eine Art Erkennungszeichen der 'Mme. Hardy' darstellt. Hinzu kommt außerdem noch ihr starker, süßlicher Duft – erst durch ihn wird der reiche, im Juni erscheinende Blütenflor dieser Rose zu einem vollkommenen Rosenerlebnis! Es handelt sich um eine starkwüchsige, aufrechtwachsende Rose, die etwa 1,5 m hoch und breit wird. Ihre Triebe sind von vielen Stacheln und breiten, mattgrünen Laubblättern bedeckt.

'OMAR KHAYYAM'

Diese Rose ist nach dem Dichter Omar-i-Chajjam (engl.: Omar Khayyam) benannt, der von 1048–1131 in Persien lebte. Auf seinem Grab in Nishapur wuchs eine Rose, von der im Jahre 1884 einige Hagebutten abgepflückt und nach England gebracht worden sein sollen. Aus ihnen ist dann in einer englischen Rosenbaumschule die heutige 'Omar Khayyam' gezogen worden. Als Anerkennung für Edward Fitzgerald, den englischen Übersetzer der Werke Omar Khayyams, pflanzte man 1893 ein Exemplar dieser neuen Sorte auf sein Grab. Bei der Sorte 'Omar Khayyam' handelt es sich um eine sommerblühende Damaszenerrose, die in leuchtendem Hellrosa erblüht. Ihre Blüten stehen in Büscheln zusammen, sind mittelgroß (ca. 6 cm ∅) und wohlgeformt. Zahlreiche gefaltete Blütenblätter füllen die geviertteilten Blüten locker an, wobei in der Mitte der Blüten ein ausgeprägter grüner »Knopf« erkennbar ist. Ein starker Duft ist für diese Rose genauso typisch wie das hellgrüne Holz ihrer Triebe, die mit kleinen, flaumigen, hellgrünen Laubblättern sowie mit vielen dunklen Stacheln besetzt sind. 'Omar Khayyam' ist eine kräftigwachsende Damaszenerrose, die zumeist Wuchshöhen von 1–1,5 m erreicht.

'ROSE DE RESHT'

Über Herkunft und Alter dieser außergewöhnlich hübschen Rose gibt es keine genauen Angaben. Die englische Rosensammlerin Nancy Lindsay soll sie im Jahre 1950 aus Persien mit nach England gebracht haben, von wo aus sie sich über ganz Europa verbreitete. Gerda Nissen, eine deutsche Rosensammlerin, vermutet aber aufgrund ihrer eigenen Nachforschungen, daß die 'Rose de Resht' spätestens seit Mitte des 19. Jahrhunderts in Norddeutschland existierte. In jedem Fall aber gehört sie zu den schönsten Damaszenerrosen – erst recht, wenn man bedenkt, daß sie eine dauerblühende Sorte ist. Von Juni bis September bringt sie aus dem Inneren ihrer kompakten Sträucher immer wieder neue Blüten hervor, die wie kleine Bälle aufrecht auf dem dichten Teppich derber Laubblätter sitzen und ihren starken Ölrosenduft verbreiten. Die Blüten der 'Rose de Resht' sind mittelgroß (ca. 5–6 cm ∅), stark gefüllt und leuchten in fuchsien- bis purpurroter Farbe. Der violette Farbanteil kommt beim Verblühen der 'Rose de Resht' noch stärker zur Wirkung und überzieht die Blüten mit einem Hauch von Lila. Die Sträucher der 'Rose de Resht' sind buschig und kompakt und werden meist nicht viel größer als 1 m.

GALLICAROSEN

'BELLE DE CRÉCY'

Diese Gallicarose ist Mitte des 19. Jahrhunderts von dem Franzosen Roeser aus Crécy gezüchtet worden. Die 'Belle de Crécy' wird als eine der schönsten alten Rosen bezeichnet, das Farbenspiel und der honigsüße Duft ihrer dicht gefüllten Blüten gelten als unübertroffen. Das Laub von 'Belle de Crécy' ist kräftig grün gefärbt und bildet eine ideale Kulisse für die leuchtenden Blütenbüschel. Diese sind anfänglich kirschrot gefärbt und von violetten Flecken und Streifen aufgelockert. Mit fortschreitender Öffnung der Blüten wird der sanfte lila Farbton immer dominierender, bis schließlich die gesamte Blüte lavendelfarben-gräulich getönt ist und sich nur noch hin und wieder ein kirschroter Hauch in ihr wiederfindet. Die nahezu stachellosen Sträucher der 'Belle de Crécy' werden etwa 1–1,5 m hoch, ca. 1 m breit und benötigen aufgrund ihres überhängenden Wuchses vor allen Dingen zur Blütezeit eine Stütze. Vielleicht pflanzen Sie eine weißblühende alte Rose (z. B. 'Mme. Hardy') als Stütze an ihre Seite – neben dem benötigten Halt bildet eine solche Rose einen schönen Kontrast zu den Blüten von 'Belle de Crécy'.

'BELLE ISIS'

'Belle Isis' ist im Jahre 1845 von dem Franzosen Parmentier geschaffen worden. Mit ihr ist eine für Gallicarosen recht zart getönte Sorte entstanden, die aber gerade durch ihre zurückhaltende Blütenfarbe sehr anmutig wirkt. Sowohl die dicken, kugelrunden Knospen als auch die starkbewehrten Triebe mit den kleinen, hellgrünen, grobgezähnten Laubblättern von 'Belle Isis' lassen darauf schließen, daß eine Centifolie an ihrer Entstehung beteiligt gewesen ist. Die mittelgroßen Blüten (ca. 8 cm ∅) selbst aber zeigen den typischen Charakter der Gallicablüten. Sie sind dicht mit leicht gefalteten Blütenblättern angefüllt und verbreiten einen würzigen, etwas herben Duft. Als Blütenfarbe findet man ein reines Porzellan- oder Fleischrosa, das an den Blütenrändern zu einem cremefarbenen Weiß verblaßt. Mitunter verliert auch die Blütenmitte ihre zuvor so schöne, seidig rosarote Farbe und gleicht sich dem cremigen Weiß des Blütenrandes an. 'Belle Isis' ist eine zierliche Rose mit aufrechtem Wuchs, die zwischen 1 und 1,5 m hoch wird.

'COMPLICATA'

'Complicata' ist eine Gallicarose, die wahrscheinlich aus einer Kreuzung zwischen *Rosa gallica* und *Rosa* x *macrantha* hervorgegangen ist. So entstand eine auffallend schöne, einfachblühende Sorte, die zu beeindruckenden Sträuchern heranwächst. Mit ihren gebogenen und von Stacheln besetzten Zweigen dehnt sie sich kräftig nach allen Seiten hin aus und wird dabei nicht selten mehr als 2 m hoch und mindestens ebenso breit. Damit ist sie geradezu prädestiniert für eine hohe Heckenpflanzung. Neben ihrer enormen Wuchskraft weist 'Complicata' noch weitere Vorzüge auf; denn entlang den majestätisch herabgebogenen Zweigen dieser Pflanze, die von großen, mittelgrünen, spitzen Laubblättern geschmückt werden, sitzen einmal im Jahr (Juni) unzählige, bemerkenswert große Schalenblüten: Voll geöffnet erreichen sie einen Durchmesser von bis zu 12 cm! Diese am Rand rosaroten Blüten werden dann nach innen hin weißlich. Ihre Mitte zieren zahlreiche goldgelbe Staubfäden. Diese in ihrer Schlichtheit so bezaubernden, schwachduftenden Blüten machen später orangefarbenen kugeligen Hagebutten Platz. Ein Tip am Rande: 'Complicata' läßt sich sehr gut durch Stecklinge vermehren.

'JENNY DUVAL'

Diese Sorte, die zu den »blauen« Rosen gezählt wird, entstand im 19. Jahrhundert in Frankreich. Seitdem hat sie – ähnlich wie 'Belle de Crécy' – einen Ehrenplatz unter den Gallicarosen inne. Mitverantwortlich dafür ist ohne Zweifel das hinreißend schöne Farbenspiel ihrer Blüten, das sich durch seine Wechselhaftigkeit auszeichnet. Schon die wohlgeformte Knospe läßt ahnen, daß man es bei 'Jenny Duval' mit einer besonders schönen Rose zu tun hat. Je nach Temperatur und Tageszeit schwankt die Farbe der Knospen zwischen Grauviolett und einem kräftigen Kirschrot. Auch die halbgeöffneten Blüten schimmern in einer ganzen Reihe verschiedenster Farbtöne: von Kirschrot über Magentafarben bis zu Lila, Grau, zartem Braun und schließlich violett angehauchtem Weiß. Hat sich dieser zarte Blütentraum vollends geöffnet, so kann man in der Mitte den hellen Blütenboden und die gelben Staubgefäße erkennen. Einmal im Jahr ab Juni erscheinen die gefüllten, mittelgroßen und duftenden Blüten an den leicht überhängenden Sträuchern der 'Jenny Duval'. Die Sträucher dieser Sorte sind reichlich mit schönem Laub ausgestattet, sie wachsen mittelstark und erreichen dabei zumeist Wuchshöhen von 1–1,5 m.

'TRICOLORE DE FLANDRE'

'Tricolore de Flandre' wurde im Jahre 1844 in Gent gezüchtet. Als neue Rosensorte wurde sie allerdings erst zwei Jahre später von dem Rosenzüchter van Houtte eingeführt. Wie der Name bereits verrät, handelt es sich bei der Sorte 'Tricolore de Flandre' um eine Rose, deren Blüten von drei Farben geprägt werden. Tatsächlich findet man in den großen und fast kugeligen Blüten die Farben Cremeweiß, Purpur und Karminrot in unterschiedlichen Abstufungen wieder. Von Blüte zu Blüte in verschiedener Weise wechselnd, sind die Blütenblätter von Flecken, Streifen und feinen Adern in diesen drei Farbtönen überzogen. Die äußeren Blütenblätter rollen sich beim Öffnen der Blüte leicht nach hinten ein, während die inneren aufrecht stehenbleiben. 'Tricolore de Flandre' blüht wie die übrigen Gallicarosen nur einmal im Jahr, und zwar im Juni. Dann werden ihre gesunden, grün belaubten Sträucher von vielen duftenden und starkgefüllten Blüten geschmückt. Aufgrund ihres überhängenden und manchmal sogar leicht kletternden Wuchses ist 'Tricolore de Flandre' gut zur Bekleidung von Mauern, Säulen oder anderen Klettergerüsten geeignet. Allerdings erreicht sie nur relativ niedrige Wuchshöhen von 1–1,5 m.

'TUSCANY'

Diese Gallicarose wurde von Gerard im Jahre 1596 das erste Mal in einem englischen Kräuterbuch als »Velvet Rose« beschrieben. Sie ist auch unter dem Namen »Old Velvet« bekannt, also als »Alte Samtrose« – ein Name, der ihre Blüten sehr gut charakterisiert. Denn tatsächlich erwecken diese Blüten mit ihrer bräunlich karminroten Färbung, die gelegentlich ins Violette hineinspielt und zur Blütenmitte hin von weißlichen Flecken aufgelockert wird, den Eindruck, als ob sie aus feinstem Samt bestünden. Die vielen goldgelben Staubgefäße im Zentrum der Blüten scheinen vor dem Hintergrund der dunkelroten Blütenblätter regelrecht zu funkeln – ein wunderschöner Kontrast. 'Tuscany' erfreut ihre Liebhaber jedes Jahr aufs Neue mit einem einmaligen, aber reichen Flor ihrer mittelgroßen (ca. 7 cm ∅), halbgefüllten und schwachduftenden »Samtblüten«. Diese heben sich aufgrund ihrer satten Farbe sehr gut von den kleinen, mattgrünen und zum Teil gebogenen Laubblättern ab. Mit ihren aufrechtwachsenden und nicht allzu stark bewehrten Zweigen formt diese Gallicarose mittelgroße Sträucher, die eine Wuchshöhe von 1–1,5 m erreichen und sich auch durch unterirdische Ausläufer im Garten ausbreiten.

'VERSICOLOR'

'Versicolor' ist eine weitere Rosensorte mit gestreiften Blüten. Sie ist als eine Mutation aus der *Rosa gallica* 'Officinalis' hervorgegangen. Das erste Mal wird die 'Versicolor' im Jahre 1583 von Clusius erwähnt, man glaubt aber allgemein, daß sie wesentlich älter ist. Einen deutlichen Hinweis auf ihre frühere Entstehung birgt ihr Zweitname 'Rosa Mundi'. Dieser Name steht nicht, wie man vermuten könnte, für die »Rose von Welt«, sondern für Rosamunde Clifford. Sie war eine Geliebte von König Heinrich II. von England, ist bereits um 1176 gestorben und soll bei dem Namen 'Rosa Mundi' Patin gestanden haben. Bei der 'Versicolor' handelt es sich um eine mittelstark wachsende Sorte, die 1–1,5 m hoch und breit wird. Ihre von kleinen, schwachen Stachel bedeckten Triebe werden von bläulichgrünem Laub geziert. Der schönste Schmuck dieser robusten Gallicarose sind aber ihre in Weiß, kräftigem Rosa und Rot lebhaft gestreiften und gescheckten Blüten, von denen keine der anderen gleicht. Diese großen (ca. 10 cm ∅), leicht gefüllten und duftenden Farbtupfer wirken nicht nur durch ihre abwechslungsreichen Muster, sondern auch durch die leuchtendgelben Staubbeutel so erfrischend und lustig.

MOOSROSEN

'GOETHE'

Der deutsche Züchter Peter Lambert stellte diese Moosrose im Jahre 1911 vor. Unter den sonst mehr gefüllt blühenden Moosrosen findet man wohl kaum eine weitere Sorte mit derart schlichten Blüten, die nur einfach bis leicht gefüllt sind. Die Blütenfarbe ist Magentarosa, das in der Mitte leicht aufgehellt und durch die vielen leuchtendgelben Staubgefäße auf angenehme Weise belebt wird. Die leider nicht duftenden Blüten sind mit einem Durchmesser von etwa 4 cm recht klein und wirken zierlich. Sie sitzen aber als Ausgleich dafür in großen Mengen an den 1,5–2 m hohen Sträuchern. So läßt sich mit Fug und Recht behaupten, daß ein Strauch dieser Moosrosensorte auch eine Zierde in Ihrem Garten sein kann. Denn 'Goethe' hat eine Reihe nicht zu unterschätzender Qualitäten: durch seinen kräftigen, manchmal etwas überhängenden Wuchs, die intensive Rotfärbung der jungen Triebe und Stacheln und das ausgesprochen schöne bläulichgrüne, rauhe Laub wirkt ein solcher Strauch selbst außerhalb der Blütezeit sehr attraktiv. Für eine Anpflanzung mit verschiedenen Blütensträuchern ist diese Strauchrose mit Sicherheit eine Bereicherung.

'MME. LOUIS LÉVÈQUE'

'Mme. Louis Lévèque' ist eine seit 1898 bekannte Moosrose, eine Züchtung des Franzosen Lévèque. Sie trägt übrigens denselben Namen wie zwei schon früher von Lévèque gezüchtete Rosensorten. Ihre großen (ca. 10 cm ∅), dichtgefüllten Blüten duften angenehm, die Blütenkelche sind stark bemoost. Die Blüten zeigen ein zartes, klares Hellrosa, das sich von außen nach innen gleichmäßig über alle Blütenblätter verteilt. Bei feuchtem Wetter ähneln die Blüten kleinen, kompakten Bällen, während sie sich bei Sonnenschein und Trockenheit zu großer, kugelartig abgerundeter Form öffnen und ihre volle Schönheit preisgeben. Netterweise gehört die 'Mme. Louis Lévèque' zu den Moosrosen, die gelegentlich remontieren, d. h. mit ein bißchen Glück und guter Pflege schenkt Ihnen diese Rose nicht nur einmal sondern sogar zweimal im Jahr ihren Blütenflor. Neben den Blüten muß auch das Laub erwähnt werden. Die mittelgrüngefärbten, länglichen Blätter haben eine spitzzulaufende Form. Wie ein dichter Teppich bilden sie die stilvolle Kulisse für die lieblichen, schwachduftenden Blüten dieser kompakt und streng aufrecht wachsenden Sorte, die Wuchshöhen von 1–1,5 m erreicht.

'SALET'

'Salet' wurde im Jahr 1854 von dem Franzosen François Lacharme aus Lyon gezüchtet und ist seitdem eine vielfach bewunderte Rose. Wie die zuvor beschriebene Sorte blüht auch 'Salet' über die gesamte Blütezeit in einem gleichmäßigen, warmen Rosa, allerdings in einem deutlich kräftigeren Farbton als 'Mme. Louis Lévêque'. Die ziemlich schmalen Blütenblätter der 'Salet' drängen sich in großer Zahl in den stark duftenden Blüten, die zusätzlich von gelben Staubgefäßen geschmückt werden. Wenn sie voll geöffnet sind, lassen die flachen Blüten der 'Salet' die gelegentlich vorkommende Vierteilung der Blüte deutlich erkennen. Während der erste Blütenflor von 'Salet' ausgesprochen üppig ausfällt, bringt diese Rosensorte im Herbst nur gelegentlich noch eine zweite, leider um etliches schwächere Blüte hervor. Die zierlichen, aber kräftigwachsenden Sträucher erreichen im Regelfall Höhen von 1–1,5 m, die gering bestachelten Zweige wachsen aufrecht oder leicht überhängend. Das Laub ist von hellgrüner Farbe und ebenso zart wie die Pflanze insgesamt. Aufgrund ihres eher zierlichen Erscheinungsbildes läßt sich diese Moosrose ausgesprochen gut in kleineren Gärten anpflanzen.

'WILLIAM LOBB'

'William Lobb', eine Moosrosensorte aus dem Jahre 1855, gilt als besonders imposante Erscheinung ihrer Klasse. Diese einmalblühende und leicht herb riechende Sorte bildet kräftige Sträucher von 2–2,5 m Höhe und Breite, die aufrecht oder leicht überhängend wachsen und manchmal sogar als kleine Kletterrosen Verwendung finden. Zum Beleben von Böschungen, Mauern oder Klettergerüsten eignet sich die Sorte vortrefflich. Vielleicht pflanzen Sie sie aber auch mit anderen größerwerdenden Sträuchern zusammen, so daß deren Triebe ineinanderwachsen und sich die Pflanzen gegenseitig Halt geben. Wie auch immer Sie die 'William Lobb' verwenden, Sie werden sicherlich viel Freude an ihren hübschen Blüten haben, die aus den stark bemoosten Knospen hervorkommen und in Büscheln an ebenfalls von dichtem Moos überzogenen Blütenstielen sitzen. Das anfängliche Karminpurpur der mittelgroßen, gefüllten Blüten geht mit der Zeit in ein gleichmäßiges Grauviolett über, das von dem Weiß am Grunde der Blütenblätter aufgehellt wird. 'William Lobb' hat außergewöhnlich kräftige, sehr stachelige Triebe, die von verhältnismäßig kleinen, dunkelgrünen Laubblättern bedeckt sind.

NOISETTEROSEN

'GLOIRE DE DIJON'

Einige Fachleute halten diese Rose für eine Noisetterose, andere wiederum ordnen sie den Teerosen zu. Fest steht, daß 'Gloire de Dijon'zu den schönsten Kletterrosen gehört. Sie hat ihren Namen von ihrem Ursprungsort: 1853 gelang dem Franzosen Jacótot in Dijon die Züchtung. Diese starkwüchsige Rose erreicht in günstigen Lagen Wuchshöhen von 4 m und mehr. Zur Zeit der Blüte tragen ihre langen Triebe mit dem prächtigen Laub zahlreiche große (ca. 8–10 cm ∅), herrlich duftende Blüten. Die dichtgefüllten, gevierteilten Blüten schimmern in einem blassen Aprikotton, der zum Rand hin ins Rahmweiße wechselt und gelegentlich von lachsrosa- und bernsteinfarbenen Schattierungen aufgelockert wird. 'Gloire de Dijon' wartet in jedem Jahr mit einem früheinsetzenden, reichen Blütenflor auf, mit dem sie im Sommer und Herbst ihre Bewunderer verwöhnt. Obwohl die Sorte als frosthart gilt, sollte man in kalten Gebieten für ausreichenden Winterschutz sorgen – ein bißchen mehr Mühe lohnt sich sicherlich, um diese wunderbare Rose unbeschadet durch den Winter zu bringen!

'MME. ALFRED CARRIÈRE'

1879 entwickelte Joseph Schwartz in Lyon diese kletternde Noisetterose, deren Abstammung man aber bis heute nicht kennt. Wie 'Gloire de Dijon' verbreitet auch 'Mme. Alfred Carrière' mit ihren sehr dicht gefüllten, kugeligen Blüten einen starken, angenehmen Duft. Bei einsetzender Blüte strahlen die Blüten in zartem Rahmweiß, das in der Blütenmitte von einem leichten Rosaton überzogen ist. Wenn die Blüte sich weiter öffnet, verblaßt das Rosa vollkommen, und auch das cremige Weiß weicht – manchmal schon innerhalb weniger Stunden – einem klaren Reinweiß. In jeder ihrer farblichen Nuancen heben sich die recht kleinen Blüten der 'Mme. Alfred Carrière' (ca. 4 cm ∅) von dem hellgrünen Laub ab, das die Triebe dieser kletternden Schönheit ziert. Die ausgesprochen starkwüchsige Noisetterose kann mit diesen schlanken Trieben je nach Lage eine Wuchshöhe zwischen 3 und 6 m erreichen. 'Mme. Alfred Carrière' ist eine Rose, die sich auch problemlos an weniger sonnige Standorte pflanzen läßt, wie z. B. an eine nördlich gelegene Mauer oder Hauswand. Gerade an diesen etwas schattigen Standorten scheint sie bereitwilliger den ganzen Sommer und Herbst hindurch zu blühen.

PIMPINELLROSEN

ROSA PIMPINELLIFOLIA

Rosa pimpinellifolia, die auch *Rosa spinosissima*, Bibernell- oder Dünenrose genannt wird, pflanzte man schon vor 1600 in europäischen Gärten an. Eine Eigenart dieser Rose besteht darin, daß sie viele Ausläufer bildet. Deshalb verwendet man sie ihre zahlreichen Varietäten noch heute zur Dünenbefestigung oder zur Bepflanzung von Böschungen. Aber auch als Einzelstrauch im Hausgarten oder als dichte Hecke ist sie geeignet. Ihre kleinen, einfachen Blüten (4 bis 5 cm ∅) mit ihren fünf Blütenblättern schimmern gelblichweiß und bisweilen auch leicht rosa. Diese zierlichen, kaum duftenden Blüten sitzen sehr zahlreich an kurzen Seitenzweigen. Schon früh im Mai/Juni setzt die Blüte dieser Rose ein, so daß ab Juli die flach kugeligen und tiefvioletten bis schwarzen Hagebutten an den Sträuchern erscheinen. *Rosa pimpinellifolia* gilt als eine sehr robuste und frostharte Rose, die kompakte, aufrecht- bis leicht überhängendwachsende Sträucher von 1–2 m Höhe und ca. 1,2 m Breite bildet. Ihre dünnen, dicht mit Stacheln und Borsten besetzten Triebe tragen mittelgrünes, mattes Laub.

'STANWELL PERPETUAL'

'Stanwell Perpetual' entstammt vermutlich einer zufälligen Kreuzung von *Rosa* x *damascena* und *Rosa pimpinellifolia.* Sie wurde 1838 in einem Garten in Stanwell in der Nähe von London entdeckt. Seither entwickelte sich diese einzige öfterblühende Pimpinellrose zum Liebling vieler Rosengärtner. Dies wird verständlich, wenn man die reichblühenden Sträucher betrachtet, deren Blüten sich über die graziös geneigten Zweige ausbreiten. 'Stanwell Perpetual' ist fast schon ein Dauerblüher: Ihre Blüte beginnt im Juni und dauert mit wenigen Pausen bis in den Herbst hinein. In den geviertelten Blüten drängen sich viele rosafarbene Blütenblätter, deren Farbe beim Verblühen zu einem weißlichen Farbton wechselt. Diese Blüten verbreiten einen würzigen Duft und bestechen durch ihre schöne, flache Form. Neben den Blüten wirken auch die zierlichen kleinen, graugrünen Laubblätter besonders attraktiv. Sie bilden einen idealen Hintergrund für die anmutigen Blüten. Die Sorte 'Stanwell Perpetual' wächst mit ihren schwachen, stark bestachelten Trieben in der Regel zu sehr dichten und buschigen Sträuchern von 1,5 m Höhe und Breite heran und eignet sich sehr gut für Mauern oder Hauswände.

PORTLANDROSEN

'ARTHUR DE SANSAL'

Die Züchtung dieser Rose gelang dem Züchter Cochet im Jahre 1855. Obwohl die Sorte über die typischen Charakteristika der Portlandrosen verfügt, zählt man sie mitunter auch zu den Remontantrosen. Hier aber wird sie als Portlandrose vorgestellt. Der Hauptfarbton der Blüten besteht in einem kräftigen Purpurviolett, zu dem sich ein leicht bräunlich-karminroter Farbton gesellt – die Rückseite der Blütenblätter wirkt in der Regel etwas heller. Beginnen die einmalblühenden Rosen mit ihren großen, dunklen Blüten zu verblühen, so schimmern die Blüten fast nur noch in Violett. Die starkgefüllten, geviertelten Blüten von 'Arthur de Sansal' entfalten, wenn sie voll geöffnet sind, einen angenehmen Duft. Wie auch bei anderen Portlandrosen hat man den Eindruck, daß die Blüten direkt auf dem Laub sitzen. Die dunklen, rundlichen Blätter passen in Form und Farbe sehr gut zu den stilvollen Blüten von 'Arthur de Sansal'. Überhaupt wirkt diese Rose mit ihren aufrecht- und buschigwachsenden Sträuchern von selten mehr als 1 m Höhe recht zurückhaltend, aber überaus harmonisch und edel – eine sehr schöne Rose!

'JACQUES CARTIER'

1868 entstand diese von Moreau-Robert in Frankreich gezüchtete Portlandrose. Auch sie verfügt über prachtvolle, kurzstielige, dichtgefüllte und stark duftende Blüten mit einem Durchmesser von etwa 10 cm, die in großer Anzahl an den streng aufrechtwachsenden Sträuchern sitzen. Dem ersten, in der Regel sehr reichen Blütenflor im Juni folgt häufig eine etwas bescheidenere Blüte im Herbst. Die Sorte 'Jacques Cartier' hat geviertelte, kräftig rosafarbene Blüten, die zum Rand hin in einen helleren Farbton auslaufen und beim Verblühen etwas verblassen. In der dunkler gefärbten Blütenmitte erkennt man deutlich einen ausgeprägten »Knopf«. Die einzelnen Blüten gruppieren sich in der Regel zu Büscheln. Nach der Blütezeit, besonders bei feuchtem Wetter, fallen die Blüten oftmals nicht von selber ab. In einem solchen Fall sollten Sie ruhig mit der Schere nachhelfen und die Sträucher von ihrer verblaßten Pracht befreien, um den nachrückenden Blüten Platz zu verschaffen. 'Jacques Cartier' formt mit den dunklen, mittelstark wachsenden, hellgrün belaubten Trieben Sträucher von 1–1,5 m Höhe und 1 m Breite, die sich auch sehr gut in kleineren Gärten verwenden lassen.

'ROSE DU ROI'

Der häufige Wechsel in der Namensgebung dieser Rose zeugt von ihrer Bedeutung in Frankreich. Nachdem die 'Rose du Roi' im Jahr 1812 von Lelieur, dem Gartendirektor des französischen Königs, entdeckt worden war, erhielt sie zunächst den Namen 'Rose Lelieur'. Im Jahr 1814 dann wurde sie zu Ehren von Ludwig XVIII. in 'Rose du Roi' umbenannt. Als Napoleon für hundert Tage wieder an die Macht kam, hieß sie 'Rose de l'Empereur' und nach seiner endgültigen Niederlage wieder 'Rose du Roi' – unter diesem Namen präsentierte sie dann der Franzose Souchet der Öffentlichkeit. Als eine Vorgängerin der ersten Remontantrosen hat die 'Rose du Roi' eine zentrale Bedeutung bei der Züchtung der heutigen Rosen erlangt. Sie wächst langsam zu einem kompakten Strauch von 1–1,5 m Höhe heran. Mehrmals im Jahr ist die Pflanze von den intensiv duftenden, gefüllten Blüten geschmückt, die mit ihrer kräftig karmesinroten Farbe wie zufällig auf den Sträuchern verteilte, leuchtende Tupfen wirken. Durch den Kontrast zwischen dem hellgrünen Laub und den lebhaft gefärbten Blüten wird die 'Rose du Roi' zu einem besonders hübschen, farbenfrohen Blickfang in Ihrem Garten.

REMONTANT-ROSEN

'EMPEREUR DU MAROC'

'Empereur du Maroc' entstand im Jahre 1858 als Sämling der Remontantrose 'Géant des Batailles' und wurde von Guinoisseau & Verdier herausgebracht. Es handelt sich bei ihr um eine auffallende Rose mit recht großen (bis 8 cm ∅), prallgefüllten Blüten, die, wenn sie voll geöffnet sind, schalenförmig werden. Als Grundton dieser duftenden, geviertelten Blüten findet man ein kräftiges Karminrot, begleitet von einem leichten violett- oder purpurfarbenen Ton, der dieser Blüte zusätzlich einen leicht samtigen Charakter verleiht. 'Empereur du Maroc' zählt zu den remontierenden Rosen, d. h. sie blüht zweimal im Jahr: Einmal zur Hauptblütezeit im Sommer und später in einer schwachen Nachblühphase im Herbst. Während beider Blühperioden sind die Sträucher reichlich mit Blüten übersät, die vor dem Hintergrund der zierlichen Laubblätter gut zur Geltung kommen. 'Empereur du Maroc' bildet niedrige, gedrungene Sträucher mit schwachen Trieben, die bis zu einer Höhe von 1,2 m heranwachsen, und eignet sich so auch gut für kleine Gärten.

'FERDINAND PICHARD'

Diese Remontantrose wurde erst in unserem Jahrhundert im Jahre 1921 in Amerika gezüchtet. Sie zählt trotzdem zu den alten Rosen, da man sie der Klasse der Remontantrosen zuordnet, die im Jahr 1867, im Jahr der Entstehung der Edelrosen, schon existiert hat. 'Ferdinand Pichard' gilt mit Sicherheit nicht zu Unrecht als eine der schönsten Rosen mit gestreiften Blüten. Auf dem weißen Untergrund ihrer Blüten finden sich unzählige scharlachrote und pinkfarbene Streifen und Flecken – eine sehr lebhafte, aber wunderschöne Blüte! Wie es sich für eine gute Remontantrose gehört, duften die großen und dicht mit Blütenblättern gefüllten Blüten sehr gut. Meistens sitzen die Blüten nicht einzeln, sondern zu mehreren an einem Blütenstiel zusammen. 'Ferdinand Pichard' gilt als eine zuverlässig remontierende Rose und stellt in der Regel den ganzen Sommer über zumindest einige ihrer buntgestreiften Blüten zur Schau. 'Ferdinand Pichard' gehört zu den starkwüchsigen alten Rosen. Ihre Sträucher erreichen Wuchshöhen von bis zu 2 m bei einer Breite von mindestens 1 m. Die breiten, matten Laubblätter dieser Sorte sind von gelblich-grüner Farbe und erweisen sich leider mitunter als anfällig für Mehltau.

'FRAU KARL DRUSCHKI'

Sie wird noch heute als eine der schönsten weißblühenden Rosen bezeichnet, obwohl sie schon im Jahr 1901 von dem deutschen Züchter Peter Lambert auf den Markt gebracht wurde. Mit Recht wird 'Frau Karl Druschki' manchmal sogar zu den Edelrosen gezählt. Zu Beginn der Blüte sind ihre schöngeformten Blütenknospen mit einem karminroten Hauch überzogen, der sich aber bei weiterer Öffnung der edlen Blüte verflüchtigt und nur noch höchst selten als vager Schimmer an den äußeren Blütenblättern zu erkennen ist. Die großen, bisweilen sternförmigen und gutgefüllten Blüten der Sorte lassen in ihrer Mitte häufig einen schwachen limonengrünen Farbton durchscheinen. Leider duften diese strahlendweißen »Schneebälle« nicht. Sie sitzen zumeist in Dreiergruppen an kurzen Blütenstielen und bilden einen interessanten Kontrast zu dem mattgrünen, dichten Laub. Zweimal im Jahr erfreuen uns diese Blüten mit ihrer strahlendweißen Pracht, im Juni/Juli und im September. Die starkwüchsigen, mit vielen Stacheln besetzten Triebe der Sorte erreichen Höhen von bis zu 1,5 m. Sie lassen sich auch sehr gut auf den Boden herunterbinden, wo sie sich zu besonders bereitwillig blühenden Trieben entwickeln.

'MRS. JOHN LAING'

Die Züchtung dieser Remontantrose gelang im Jahre 1887 dem englischen Landwirt Henry Bennett. Seit ihrem Erscheinungsjahr zählt sie zu den Lieblingen der Rosenfreunde und gehört auch heute noch zu den schönsten alten Rosen. Sie wächst bereitwillig in nahezu jedem Boden, am liebsten aber in kühlem Erdreich. 'Mrs. John Laing' gilt als die blühfreudigste und am besten remontierende Remontantrose, die den Rosenliebhaber zuverlässig den ganzen Sommer über mit ihren stark und angenehm duftenden Blüten erfreut. Diese erinnern in ihrer kugeligen Form und der dichten Blütenfüllung mit gewellten Blütenblättern an die Blüten von Centifolien. Das klare Rosa ihrer großen, langstieligen Blüten (ca. 12 cm ∅) wird von zarten, silbrigen und lilafarbenen Schattierungen unterbrochen. 'Mrs. John Laing' besitzt in der Regel dünne, borstig bewehrte Triebe, die gesundes, dichtes, hellgrünes Laub bekleidet. Die Sträucher gelten als sehr wuchsstark, sie werden ca. 1,5 m hoch und lassen sich, genauso wie bei der links beschriebenen Sorte 'Frau Karl Druschki', durch das Herunterbinden der längsten Triebe in blütenbeladene und individuell formbare Schmuckstücke Ihres Gartens verwandeln.

'ROGER LAMBELIN'

Diese ungewöhnliche Rose entstand im Jahr 1890; sie ist als eine Mutation aus der Remontantrose 'Fisher & Holmes' hervorgegangen und von Schwartz verbreitet worden. 'Roger Lambelin' gilt als eine extravagante Rose mit eigenwilliger Blütenfarbe und -form. Die Blüten sind von einem dunklen Karminrot, das leicht ins Bräunliche spielt. Diese kräftige Färbung der Blüten wird durch vereinzelte weiße Streifen und Flecken auf den Blütenblättern sowie durch einen ebenfalls weißen, schmalen Saum an deren Rand aufgelokkert. Außerdem leuchten in den großen und dichtgefüllten Blüten die kräftiggelben Staubgefäße in der Blütenmitte und bringen so noch eine dritte Farbe ins Spiel. Darüber hinaus fällt 'Roger Lambelin' durch die zum Teil recht starke Kräuselung und die gezackte Form der Blütenblätter ins Auge – eine wirklich nicht alltägliche Blüte! 'Roger Lambelin' zählt zu den angenehm duftenden Rosen, die mehrmals im Jahr blühen. Die kräftig, aber locker wachsenden Sträucher schmücken große, mattgrüne Laubblätter. Die Wuchshöhe liegt zwischen 1 m und 1,5 m.

'VICK'S CAPRICE'

'Vick's Caprice' ist eine weitere und meiner Meinung nach sehr attraktive gestreiftblühende Sorte. Bei den Fachleuten herrscht noch keine Einigkeit über das Entstehungsjahr dieser zierlichen Vertreterin ihrer Klasse. Die Angaben schwanken zwischen 1893 und 1900. Als sicher gilt, daß 'Vick's Caprice' nach dem Züchter Vick benannt wurde. Dieser soll sie als eine Mutation der Remontantrose 'Archiduchesse Elisabeth d'Autriche' entdeckt haben. 'Vick's Caprice' ist eine Rose mit großen, sehr stark und angenehm duftenden Blüten. In den kugelig geformten Blüten drängen sich zahlreiche Blütenblätter zusammen, deren vorherrschende Farbe ein zarter Rosaton ist. Unterbrochen wird das Rosa von weißen, hellilafarbenen und karminroten Streifen und Flecken. Auf geradezu bezaubernde Weise bringen sie Abwechslung und noch mehr Leben in diese Blüten. Auch 'Vick's Caprice' blüht mehrmals im Jahr und bildet mäßig stark wachsende, bestenfalls 1,2 m hohe Sträucher, die mit mittelgrünem Laub bekleidet sind. Auch wenn es der Sorte hin und wieder an Robustheit mangelt, so ist sie doch mit ihren bezaubernden Blüten und zierlichen Büschen eine sehr liebenswerte alte Rosensorte!

TEEROSEN

'ARCHIDUC JOSEPH'

'Archiduc Joseph' entstand im Jahre 1892 unter der Obhut von G. Nabonnand als Sämling der Sorte 'Mme. Lambard'. Bei ihr handelt es sich um eine außergewöhnlich schön- und leuchtendblühende Teerose, deren mittelgroße Blüten dicht mit Blütenblättern angefüllt sind. Das kräftige Purpurrosa ihrer schalenförmigen Blüten wird von einem leicht kupfrigen Hauch begleitet. Die Blütenblätter wirken matt und glänzend in einem. Als eine würdige Vertreterin ihrer Klasse verbreitet die Rose einen angenehmen Duft, und zudem erweist sie sich als eine reich- und öfterblühende Sorte. 'Archiduc Joseph' wächst stark und kräftig und besitzt schönes, glänzendes, hellgrünes Laub. Diese Sorte benötigt, wie die meisten Teerosen, einen sorgsamen Winterschutz. Angaben zu Wuchshöhe und -breite ließen sich der Fachliteratur leider nicht entnehmen – vielleicht reizt es Sie trotzdem, mit dieser Sorte in Ihrem eigenen Garten Erfahrungen zu machen.

'SAFRANO'

'Safrano' soll die erste Rose sein, die durch Handbestäubung geschaffen wurde – verantwortlich dafür zeichnete der Züchter Beauregard, der 'Safrano' im Jahre 1839 präsentierte. Seit dieser Zeit entwickelte sich 'Safrano' zu einer für die Rosenzüchtung sehr bedeutenden Sorte. Denn sie selbst oder ihre Nachkommen wurden zu Züchtungen zahlreicher bekannter Rosensorten herangezogen (z. B. der Remontantrose 'Paul Neyron' oder der Teehybride 'Chantré'). 'Safrano' hat spitzgeformte Blütenknospen, die aprikosengelbe Blüten hervorbringen; sie werden mit der Zeit heller und gehen bisweilen an den Rändern ins Rötliche über. Ihre angenehm duftenden, großen und lockergefüllten Blüten findet man in großer Zahl an den ausgesprochen starkwüchsigen Sträuchern, die leider wie alle Teerosen etwas frostempfindlich sind. Die violettbraungefärbten Triebe mit ihren mittelgroßen, hübschen Laubblättern wachsen relativ langsam zu Sträuchern heran, die im Regelfall höchstens 1,5–2 m groß werden können.

TÜRKISCHE ROSEN

'PERSIAN YELLOW'

'Persian Yellow', auch als *Rosa foetida* 'Persiana' bekannt, wurde im Jahre 1837 von Sir H. Wilcock aus Persien nach England eingeführt. Von diesem Zeitpunkt an war sie ein sehr beliebtes Objekt der Rosenzüchter, die in den folgenden Jahrzehnten ihre leuchtendgelbe Blütenfarbe auf viele neue Rosensorten übertragen haben. 'Persian Yellow', eine Rose mit dichtgefüllten Blüten, blüht in einem reinen, goldgelben Farbton. Wie ihre Verwandte *Rosa foetida* 'Bicolor', gehört sie zu den einmal- aber überaus reichblühenden Sorten, die bereits im Juni ihre Triebe in voller Länge mit zahlreichen goldgelben Blütenkugeln schmückt. Leider duften diese nicht sehr angenehm – eine kleine Schwäche, die man dieser ansonsten so prächtigen Rose schnell verzeiht. Die Sorte wächst zu vorwiegend aufrechten, buschigen Sträuchern von 1–2 m Höhe und 1–1,5 m Breite heran. Die Sträucher sind mit kleinen Laubblättern in gelblichgrüner Farbe bedeckt. Sie bilden mit den braunroten Trieben eine ausgezeichnete Farbkulisse für die leuchtendgelben Blüten dieser persischen Schönheit.

ROSA FOETIDA 'BICOLOR'

Diese Rose wird hierzulande auch als »Kapuzinerrose« bezeichnet und ist in England unter dem Namen 'Austrian Copper' bekannt. Sie entstand vor 1590 als eine Mutation aus *Rosa foetida* – das erkennt man auch heute noch an den einzelnen, mitunter einfarbig gelb blühenden Blüten, die sehr den Blüten der Mutter *Rosa foetida* ähneln. *Rosa foetida* 'Bicolor' jedenfalls besitzt sehr schöne, zweifarbige Blüten, die auf der Oberseite orange- bis scharlachrot leuchten, während ihre Unterseite goldgelb gefärbt ist. In der Mitte dieser schlichten, einfachen und recht kleinen Blüten (ca. 3–6 cm ∅) sitzen viele strahlendgelbe Staubfäden, die die Leuchtkraft der Blüte verstärken. *Rosa foetida* 'Bicolor' ist eine einmal- und reichblühende Sorte, deren Blütenflor recht früh im Juni einsetzt. Ihre braunen Triebe sind mit hellen Stacheln besetzt, wachsen mäßig stark und formen offene Sträucher, die etwas über 1 m breit und 1–2 m hoch werden. Wie bei den meisten Türkischen Rosen kann bei *Rosa foetida* 'Bicolor' auf weitreichende Schnittmaßnahmen verzichtet werden. Dafür aber bedarf ihr leider für Sternrußtau anfälliges Laub sorgfältiger Pflege.

'SOLEIL D'OR'

Dem berühmten Rosenzüchter Pernet-Ducher ist diese Rosensorte zu verdanken. Er schuf die Sorte 'Soleil d'Or' im Jahre 1900 durch Kreuzung der Remontantrose 'Antoine Ducher' mit der Türkischen Rose 'Persian Yellow' (s. S. 76). Aufgrund der faszinierenden Farbe ihrer Blüten wurde auch 'Soleil d'Or' wiederum für Züchtungszwecke eingesetzt, so daß mit ihrer Hilfe die Farbpalette der Rosenblüten erheblich ausgeweitet wurde. Nahezu alle nach 1900 entstandenen gelb- und orangefarbenen Rosensorten, auch viele ganz moderne Strauchrosen, lassen mehr oder minder deutlich in ihrer Blütenfarbe den Einfluß von 'Soleil d'Or' erkennen. Bei dieser Sorte handelt es sich um eine Rose mit sehr großen, gefüllten Blüten, die in einem satten aprikosen- bis orangefarbenen Ton schimmern, der zudem goldene, hellrote, kupfer- und lachsfarbene Schattierungen in sich trägt. Diese hinreißend schönen Blüten bestechen nicht nur durch ihre einmalige Farbkombination, sondern verbreiten außerdem noch einen sehr angenehmen Duft. Sowohl die Farbe der Triebe als auch die Art des recht zierlichen Laubes gehen eindeutig auf den Einfluß der 'Persian Yellow' zurück. Leider hat diese der 'Soleil d'Or' auch die Anfälligkeit der Laubblätter für Sternrußtau vererbt sowie die Neigung, nur höchst selten und schwach zu remontieren.

REGISTER

Fettgedruckte Zahlen verweisen auf eine ausführliche Beschreibung, Sterne (*) auf Zeichnungen oder Photos; die einzelnen behandelten Rosengruppen sind unterstrichen.

Außer den im Text behandelten Rosen sind nur diejenigen Pflanzen mit ihren botanischen Namen ins Register übernommen worden, die in Zeichnungen oder auf Photos zu sehen sind.

LITERATURVERZEICHNIS

Bonar, A., 1987: Der Gartenpflanzendoktor. Franckh'sche Verlagsbuchhandlung, W. Keller & Co., Stuttgart

Coggiatti, S., 1988: Rosen. Delphin Verlag GmbH, München

Fördergesellschaft »Grün ist Leben«, 1983: BdB Handbuch Teil IV Rosen. Fördergesellschaft »Grün ist Leben«, Pinneberg

Genders, R., 1978: Die Rose. Albert Müller Verlag, AG, Rüschlikon-Zürich

Gibson, M., 1978: Strauchrosen. Albert Müller Verlag, AG, Rüschlikon-Zürich

Griffiths, T., 1988: The Book of Classic Old Roses. Mermaid Books, Michael Joseph Ltd., London – The Book of Old Roses. Mermaid Books, Michael Joseph Ltd., London

Grimm, H. und W. Grimm, 1987: Die Rosensammlung zu Wilhelmshöhe. Rosenkreis Kassel des Vereins Deutscher Rosenfreunde e. V. (VDR) und Verein Roseninsel Park Wilhelmshöhe, Kassel

Haenchen, E. und F. Haenchen, 1983: Das neue Rosenbuch. Deutscher Landwirtschaftsverlag DDR, Berlin

Hanisch, K. H., 1987: Die neue Rosenfibel. Verein Deutscher Rosenfreunde e. V. (VDR), Baden-Baden

Hanisch, K. H., 1988: Erlebte Rose. Eugen Ulmer GmbH & Co., Stuttgart

James, C., 1989: Alte Rosen – ein von Kennern ausgewähltes Sortiment. Deutsche Baumschule 41 (6): 268–270

Kordes, W., 1977: Das Rosenbuch. Verlag M. & H. Schaper, Hannover

Kreuzer, J., 1983: Kreuzers Gartenpflanzen-Lexikon Band 1. Kreuzer, Tittmoning

Krüssmann, G., 1974: Rosen Rosen Rosen. Verlag Paul Parey, Berlin und Hamburg

Kühn, G., 1989: Rosen und ihre Begleiter. Deutsche Baumschule 41 (3): 140–144

Nissen, G., 1984: Alte Rosen. Westholsteinische Verlagsanstalt Boyens & Co, Heide

Paterson, A., 1983: The History of the Rose. William Collins Sons and Co Ltd, Glasgow

Rosarium Sangerhausen, 1976: Rosenverzeichnis. Druckerei Möbius Artern

Scheerer, O., 1976: Rosen in unserem Garten. BLV Verlagsgesellschaft mbH München

Thomas, G. S., 1954: The Old Shrub Roses. Phoenix House Ltd, London

Woessner, D., 1987: Rosenkrankheiten. Eugen Ulmer GmbH & Co., Stuttgart

Woessner, D., 1988: Rosen für den Garten. Eugen Ulmer GmbH & Co., Stuttgart

Darüberhinaus wurden Kataloge der folgenden Firmen benutzt: Bruns (Bad Zwischenahn), Huber (Dottikon, CH), Jensen (Flensburg) und Klose (Lohfelden).

BEZUGSQUELLEN FÜR ALTE ROSEN

Ingwer J. Jensen, Hermann-Löns-Weg 39, 2390 Flensburg, Tel. (04 61) 5 95 86
Kordes, 2206 Sparrieshoop, Tel. (0 41 21) 86 88
Rosen-Tantau, Inh. H.-J. Evers, Tornescher Weg 13, 2082 Uetersen, Tel. (0 41 22) 70 84
Karl Baum, Inh. Hans-Georg Ohlhus, Postfach 151, 2200 Elmshorn, Tel. (0 41 21) 7 25 32
Rosen-Union eG, Inh. Helmut Steinhauer, Steinfurther Hauptstr. 25, 6350 Bad Nauheim/Steinfurth, Tel. (0 60 32) 8 20 68
BKN-Strobel GmbH & Co KG, Wedeler Weg 62, 2080 Pinneberg, Tel. (0 41 01) 2 05 50
Richard Huber AG, CH-5605 Dottikon, Tel. (0 57) 42 18 27
Karl Zundel, Warburger Str. 2, 3502 Vellmar/Kassel
Baumschulen Goos, 6908 Wiesloch-Baiertal/HD
Belle Epoque Rozenkwekerij, W. M. Verhue, Molendijk 9, NL-3233 LN Oostvoorne,Tel. (0 18 15) 33 82

BILDNACHWEIS

Monika Becker, Hannover: 5 u., 14, 16, 26, 28, 41, 48/49, 55, 57, 58/59, 60 l., 62 r., 67 l., 71 l.
Hermann H. Jensen, Kaltenkirchen: 5 o., 5 m., 5 u. m., 6/7, 8/9, 10, 11, 13, 15, 17, 18, 22/23, 30, 46/47, 53, 62 l., 63 m., 63 r., 64 l., 65 m., 65 r., 66 l., 66 r., 67 r., 68 r., 69 l., 69 m., 70 (2 Fotos), 72 r., 73 (3 Fotos), 74 m., 74 r., 75 m., 75 r., 76 l., 76 m., 77 (2 Fotos)
Dorling Kindersley: 60 r., 61 (3 Fotos), 62 m., 63 l., 64 m., 64 r., 65 l., 66 m., 67 m., 68 l., 69 r., 71 m., 71 r., 72 l., 72 m., 74 l., 75 l., 76 r.
Hans Reinhard: 2/3, 37
Ingeborg Tschakert: 12, 25

DANKSAGUNG

Ganz besonders möchte ich mich an dieser Stelle bei Ingwer J. Jensen sowie Hedi und Wernt Grimm für ihre wertvollen Hinweise und Ratschläge bedanken, die mir eine sehr große Hilfe bei der Arbeit an diesem Buch waren. Außerdem danke ich Ingwer J. Jensen für die Erlaubnis, Teile seines Katalogs zu nutzen, Hermann Heinz Jensen für die Überlassung der zahlreichen Fotografien sowie Monika Mareis und Uwe Oelfke für die kritische Durchsicht meines Manuskriptes. Darüber hinaus sei hier auch all jenen gedankt, die mich auf irgendeine andere Weise bei meiner Arbeit unterstützt haben.